湘潭大学法学文丛

环境审判机制创新研究

——以环境审判机构专门化为视角

吴 勇 著

法律出版社 LAW PRESS · CHINA

总　序

无可否认，湘潭大学法学院是中国法学教育界一个特殊的存在。其特殊性在于这所没有985 高校与211 高校光环并偏居一隅的大学，其法学院一直在中国高校法学专业教育园地占有重要一席。湘潭大学法学院创办于1982 年，是湖南省成立最早、招生最早、师资力量最强、学科门类最全、招生规模最大、教学层次最齐全的法学院。翻开湘潭大学法学院走过的35 年，学院每十年便跃上一个新的台阶，1983 年正式建系并招收第一批法律本科学生，1993 年获得湖南省第一个法学硕士学位授权，2003 年获得湖南省第一个法学博士学位授权，2013 年获批湖南省第一个法学类2011 协同创新中心。此外，法学院还是第一批国家级卓越法律人才教育培养基地，设有湖南省第一批国家级法学特色专业建设点、第一门法学类国家级精品课程、第一个法学一级学科博士后科研流动站；拥有全国唯一的“中国—非洲法律培训基地”，湖南省唯一的国家级法学人才培养模式创新实验基地、唯一的全国法律专业硕士学位研究教育综合改革试点单位、唯一的法学类国家级实验教学示范中心、唯一的国家级法学专业综合改革试点单位。

2008 年，乘《国家知识产权战略纲要》之东风，依托湘潭大学综合性大学的优势和法学院强大的师资力量，湘潭大学成立了湖南省首家知识产权学院，致力于培养社会亟须的复合型、应用型知识产权专门人才。学院在教学科研、人才培养和服务社会等方面快速发展，搭建起一个多元主体参与、协同创新的办学平台。至今学院已经形成了包括全日制知识产权本科、自学考试知识产权管理（独立本科段）、知识产权法学硕士、法律硕士知识产权方向、交叉学科知识产权硕士和知识产权博士等层次完整、特色鲜明的人才培养体系。学院人才培养质量获得社会的广泛认可，被业界视为知识产权人才培养的"湘大模式"，国家知识产权局还专门向全国推介"湘大模式"。

湘大法学院已经走过的35年，今日回望，虽然足以引以自豪，但湘大法律人当下最需要的却是不忘初心，继续前行。于是，就有了以湘大法学院35周年与知识产权学院10周年为契机出版的法学文丛，这是法学院与知识产权学院走向未来的新起点。她的问世，不仅仅是献给法学院与知识产权学院诞辰的贺礼，也是对为法学院与知识产权学院今天做出卓越贡献前辈、关心法学院和知识产权学院建设各界人士的回报，更是对法学院与知识产权学院未来发展的期待和激励。收入文库的著作有对学科前沿问题的瞻望，有对古老法律思想的重新解释，还有对当今世界与中国问题法律上的思考与回应。每一本著作都是学术交流的载体，是思想火花的碰撞，也是湘大法学与知识产权学术水平的展示。

伟大的时代呼唤和激励不凡的智慧创造。在祖国走向复兴的今日，在全面推进依法治国的当下，我们有幸身处这正在发生的历史现场。应该有理由相信，湘大法律人与知识产权人一定能永葆创新激情，不断激发创作灵感，为中国的法治与知识产权事业做出湘大法律人特有的贡献。

湖南省人大常委会副主任
湘潭大学法学院名誉院长
谢勇

目录
Contents

引　言

一、选题的背景与意义

随着我国社会经济的高速发展，环境问题已经成为实现我国可持续发展面临的主要问题。环境污染和环境破坏威胁和损害着人民群众的健康和财产安全，威胁和损害着国家生态安全，公民环境权益和环境公共利益急需法律的有效保护和救济。从社会纠纷的发展来看，环境纠纷已经成为我国的主要纠纷形态，因此，构建完善的环境纠纷解决机制，尤其是司法解决机制，对于及时有效地解决环境纠纷，对于实现环境保护的基本国策，对于建设生态文明、实现绿色发展、推进社会和谐都极具意义。但是，从我国的现实来看，环境纠纷司法救济供给不足，环境司法运行的各个环节都出现了问题，导致出现环境受害者的合法权益得不到有效保护、环境公共利益得不到有效维护的情况。为此，一些地方进行了以“环保法庭”为主要载体的司法创新，并取得了一定的社会效果和司法效果，获得了最高司法机关的肯定。最高人民法院早在2010年发文规定，在环境保护纠纷案件数量较多的法院可以设立环保法庭，实行环境保护案件专业化审判，提高环境保护司法水平。目前，全国法院共设立环境资源审判庭、合议庭或者巡回法庭1000个，其中环境资源审判庭364个，专门合议庭589个，巡回法庭47个。[①] 但不可否认的是，这种因环境突发事件而催

---

① 杨宜中:《环境资源审判:绿水青山就是金山银山》，载 http://www.court.gov.cn/zixun-xiangqing-84832.html，最后访问日期:2018年7月28日。

生的地方环境司法创新由于缺乏统一的制度安排和系统的理论支撑，在实践中也出现很多问题。而理论界对于环保法庭包括环境公益诉讼在内的制度创新仍然存在较大争论，这又进一步加深了环境司法走向的理论困惑。因此，我们有必要深思环境司法救济的应然与实然，有必要探讨环境司法救济的方向、框架与内容。毫无疑问，传统审判机制是不能承担起环境司法救济的任务的，我们必须进行环境审判机制的创新。考虑到科学的、适度的审判机构设置与诉讼目的、诉讼任务的实现密切相连，能够带动管辖制度、诉讼程序等司法救济要素的整合与创新，而我国各地和国外的实践都是选择成立专门的环境审判机构来克服环境诉讼障碍，因而本研究选择以“环境审判机构专门化”为切入口来探讨环境审判机制的发展与创新问题。

研究环境审判机制创新是有着重要的理论意义和实践意义的。其理论意义在于：第一，促进环境程序法研究的深化，丰富环境诉讼的理论体系。长期以来，环境诉讼研究主要是在传统诉讼理论框架里结合环境纠纷的一些特点探讨环境民事诉讼、环境刑事诉讼和环境行政诉讼。专门化的视角能够使我们另辟蹊径，通过环境审判机构的专门化探讨专门环境审判机制的可能性和内容，从而促进对环境司法乃至环境程序机制更加深入的讨论，最终建立实现“接近正义”的环境权益程序保障机制。第二，为我国的环境司法改革提供理论支撑。目前的现实是传统司法在环境保护方面力有未逮，地方环境司法创新形态各一，理论界争论不断。对于我国的环境司法改革的目标和路径究竟应该如何选择，对于在环境司法改革中出现的一些问题究竟应当如何认识是迫切要回答的问题。本研究的分析力图从理论层面回答这些问题，从而推动环境司法改革更深层次地进行。第三，综合运用环境法学和诉讼法学的研究范式，促进环境法学和诉讼法学理论发展的沟通与融合，从而为交叉学科的研究形成新的研究领域和路径提供多种可能。

为了解决环境司法救济通道不畅问题，促进生态文明建设，我们必须找出适合环境审理的法律制度。专门环境审判机制的设想与论证为解决目前我国的环境司法困境提供了突破口和实现路径,这正是本研究的实践价值之所在。

二、国内外研究现状

对于环境审判机制创新的研究,在国外主要体现为对环境司法专门化的讨论,其探讨角度有以下几种:一是从接近正义的角度论证在专门的领域建立专门的法院,从而保证人们享受到先进的实体法所带来的权益,而环境法正属于这一领域。其代表性论著有莫诺·卡佩莱蒂的《福利国家与接近正义》(法律出版社 2000 年版)。二是认为环境司法专门化已经成为全球环境司法改革的一种发展趋势,而环境司法专门化的主要路径是建立专门的环境审判机构,代表性文章有 Gorge Pring 的 *Specialized Environmental Courts and Tribunals at the Confluence of Human Rights and the Environment*(Oregon Review of International Law, Vol. 11, 2009)。三是由于各国所面对的环境问题的不同,对环境审判机构的性质和承担的任务的认识不同,各国学者研究环境审判组织的角度和方法是有所区别的,从而在实践上环境审判机构在不同的国家有不同的实现目标、法律功能、程序机制和表现形式,代表性文章有 Bret Birdsong 的 Adjudicating Sustainability: New Zealand' s Environment Court and the Resource Management (Ian Axford Fellowship in Public Policy, 1998)。四是从各国专门环境审判机构考察,认为专门环境审判机构在运行中也存在一些问题和障碍,代表性文章有 B. J. Preston 的 *The Land and Environment Court of New South Wales: Moving towards a Multi - door Courthouse* - Part II (Australasian Dispute Resolution Journal Vol. 19, 2008)。由于国外的环境司法专门化的理论比较扎实,实践比较丰富,因而这些研究为探究适合我国的环境审判组织和环境审判机制提供了研究基础和比较的视野。

有感于我国环境司法的困境和国外环境司法发展的趋势,近年来,国内有关环境司法和环境法庭的研究正方兴未艾。总体而言,这些研究主要体现在四个方面:一是从理论和实践两个方面进行分析,认为我国的环境司法必须进行改革,代表性文章有吕忠梅的《论环境纠纷的司法救济》[《华中科技大学学报》(社会科学版)2004 年第 4 期]、张晏的《中国环境司法的现状与未来》[《中国地质大学学报》(社会科学版)2009 年第 5 期]。在此基础上,学者们提出了环境司法专门化的思路,如王树义的《我国环境司法专门化之必要性及可行性分析》(《首届环境司法论坛论文集》,2011 年)、胡耘通的《环境审判专门化的分析与展望》[《大连理工大学学报》(社会科学版)2011 年第 2 期]、张忠民的《环境司法专门化发展的实证检视——以环境审判机构和环境审判机制为中心》(《中国法学》2016 年第 6 期)。二是以环保法庭的讨论为核心,对我国环境审判机构专门化有正反两种论点。否定论认为设立环保法庭的条件并不具备,即使建立环保法庭也不必然能解决环境问题,环境纠纷的解决可以通过完善现行司法机制来进行,不必设立专门机构。代表性文章有刘超:《反思环保法庭的制度逻辑》(《法学评论》2010 年第 1 期)、常红的《设立环境法庭的几点思考》(《法治论坛》2010 年第 3 期)等。肯定论认为环保法庭的设立是环境司法发展的趋势,在我国设立环保法庭具有现实意义,并从不同角度进行了论证。代表性文章有蔡守秋的《关于建立环境法院(庭)的构想》(《东方法学》2009 年第 5 期)、杨华的《环境法庭设立的应然性与实然性分析》(《江西社会科学》2009 年第 3 期)等。三是对国外的专门审判机构的建设与运作进行考察,并对我国的环境司法建设提出建议。代表性文章有李挚萍的《外国环境司法专门化的经验及挑战》(《法学杂志》2012 年第 11 期)、董燕的《从澳大利亚土地环境法院制度看我国环境司法机制的创新》(《华东政法学院学报》2007 年第 1 期)、沈跃东的《可持续发展裁决机制的一体化——以新西兰环境法院为考察对象》[《西北农林科技大学学报》(社会科学版)2008 年第 3 期]等。四是对各地环境法庭的实践进行总结,提出立法和制度建议。代表性文章有刘明的《从环保法庭的实践谈环保审判专业化的必要性、可行性及发展趋势》(《首届环境司法论坛论文集》,2011 年)、于文轩的《环境司法专门化视域下环境法庭之检视与完善》(《中国人口 资源与环境》2017 年第 8 期)等。总体而言,这些研究涉及了环境审判体制创新的不同层面,但对环境审判机制创新的理论基础、定位、方向及具体内容还缺乏全方位的系统阐释和实证,导致出现理论和依据的困惑,还没有专门的论著对这个问题进行有针对性的研究,而这正是本研究的着力点和突破口。

三、主要内容、研究思路与方法

(一)主要研究内容

(1)环境审判机制创新的动因与切入。该部分解决为什么要进行环境审判机制创新的问题。我国目前的环境司法救济无论是在对公民环境利益的保护还是环境公共利益的保护方面都存在程序保障的不足。究其原因,传统的审判机制未能考虑到环境纠纷的特殊性,在运作中障碍重重,因此进行机制创新是必然之策。环境审判机制创新应定位于环境利益的保护、环境与发展综合决策机制的保障和环境公益诉讼的实现。只有通过设立专门的审判机构,提供程序革新的平台,带动其他环境司法制度的创新,才能实现该目标。这是由环境诉讼的特点、法理和现实所决定的。

(2)环境审判机构专门化的实践考察。该部分解决环境审判机构创新的趋势和经验问题。对于这部分内容本研究分两章从国外和国内进行考察。基于专门审判机构的功效,在国外设立环境法院或法庭已逐渐成为解决环境问题的必要措施,如澳大利亚的土地环境法院、新西兰的环境法院。这些专门环境审判机构实践的共性和所面对的问题对于研究环境审判机制创新的方向和要素是具有重要意义的。我国近年来也开始了专门审判机构的尝试,2007 年贵阳清镇市设立了第一家生态保护法庭,之后无锡、昆明等地相继成立了专门的环保法庭,最高人民法院也于 2014

年成立了环境资源审判庭，引发各地环保法庭成立的高潮。这些专门环保法庭所获得的经验和问题为分析环境审判机构创新的路径与内容提供了有价值的参考。

(3)我国环境审判机构专门化的应然性与路径选择。该部分解决环境审判机构创新的目标与实现路径问题。虽然在理论上对我国要不要进行环境审判机构专门化还存在分歧，但从理论分析和实践回应两个角度来看，我国进行环境审判机构专门化是从司法角度解决环境的一个最佳选择。其实现路径体现在近期目标是进行体制内的创新，整合相关资源，建立成建制的环境审判庭，远期目标是建立专门法院层次的环境法院。

(4)从环境审判机构专门化到环境审判机制专门化。该部分解决环境审判机制创新的内容问题。环境审判机制创新以专门环境审判机构为载体和平台，实现审判理念的转型，程序机制的一体化，诉讼制度的创新和专业审理的形成。

(二)研究思路

本研究通过对我国环境司法救济现状的考察，对我国环境诉讼发展趋势的分析以及国外环境审判运行机制的探究，阐释我国环境审判机制创新的必要性和可能性，明确环境审判机制改革的方向和内容，并提出实现路径，为我国环境纠纷解决、环境权益的保护和可持续发展目标的实现提供较好的平台，为司法救济机制的完善提供理论依据。

(三)研究方法

(1)比较研究法。通过该方法明确国外环境审判机制改革趋势，厘清环境审判机制改革中的问题和路径。

(2)实证研究法。通过该方法探析我国环境司法遇到的问题、环境审判机制创新的必要性以及制度良性运行的环境。

(3)系统研究法。通过该方法探析我国环境审判机制创新的核心和要素，构建适应我国国情和国际环境司法发展趋势的环境审判机制。

第一章　环境审判机制创新的动因与切入

第一节　环境审判机制创新的动因

一、环境司法现代化的必然要求

（一）环境司法现代化的界定与意义

环境司法现代化是司法现代化的一种表现形式。司法现代化是指司法顺应时代要求，将实质正义和程序正义进行制度统合，并通过改革机制、缩减中间环节和扩大参与的方式应对社会纠纷的解决，探究和维护法律、政策中所蕴含的社会准则、公共利益和秩序的过程。司法随着法的发展变化而变化。每当出现新的法律或者社会生活对法的实施提出新的需求，司法都会作出自己的反应。可以说，司法现代化是现代法制发展和司法发展的一种必然趋势，是一种常态化的司法现象。[①] 因为现代化对法律提出了特殊的要求，传统的司法机制不能满足，司法变革相应产生。随着社会矛盾的多元化发展和众多新型社会纠纷的出现，如何实现利益协调和维护社会共通价值已经成为司法现代化的主要任务。

---

① 王树义：《我国环境司法专门化之必要性及可行性分析》，2011 年首届环境司法论坛论文，昆明，第 59 页。

就目前司法所面临的社会纠纷的形势而言，司法现代化的一个重要方面就是司法专门化。“随着社会分工，特别是市场经济条件下高度分工的发展，法律机构会发生一种趋势性的变化，即法律的专门化。”①司法专门化是法律专门化的应有之义。这是因为一些现代型纠纷如知识产权纠纷、环境保护纠纷、劳动纠纷等有着不同于传统纠纷的特点，其纠纷解决有着自己特殊的目的，要求特殊的程序和某类具备专业素质的法官。要使那些具有“公共政策性”或“专业性”的纠纷得到有效解决，保证判决的一致性和实现这些领域的公共政策，司法专门化是一个有力选项。因为传统司法很难承受起这些任务，国家也没有足够的财力和人力去改造全部的司法机制，所以，司法专门化几乎是法律现代化不可避免的。在一定意义上说，司法专门化是现代化的前提。② 因为司法专门化为实现司法现代化提供了改革平台。同时司法专门化也是司法领域分工的需要。社会纠纷的精细化发展要求司法解决的对接，而传统司法机制在其传统纠纷解决领域具有优势，但对于现代型纠纷，则往往出现僵化、混乱和无所适从的现象。③ 司法专门化则既可以减轻传统司法的负担，又可以实现现代型纠纷解决的目标。

司法专门化是指为了实现某类公共政策，国家设置专门的司法机关，通过专门的司法机制专项解决现代型纠纷。所谓专门化，就是直接把新制定的法律交给专门法院来执行或是把某些类型化的纠纷交给特设的司法机构来解决。专门化的主要目的就是避开不合适的普通法院，较少普通法院的诉讼负担，实现对某类社会共同价值的专门维护。可以说，司法专门化是法律现代化必然伴随的现象，无论哪个国家，都不可能绝对避免。国外的商事法院、环境法院、劳动法院、知识产权法院、税务法院、保

---

① 苏力：《法律活动专门化的法律社会学思考》，载《中国社会科学》1994 年第 6 期。

② 刘国有：《浅论专门法院出现的原因及对法律现代化的意义》，载《天津市政法干部管理学院学报》2004 年第 2 期。

③ 如对于证券类纠纷的恐惧、对于公益性纠纷的态度不一致，对于自然物种诉讼的天然排斥等。

险法院、水务法院等都是司法专门化的产物。而且，随着社会的发展，司法专门化的领域也会随之拓宽或缩小。当然，司法的专门化也有多种形式。有正式的专门化，如通过立法设立有终审权的专门法院和专门的诉讼程序，也有非正式的专门化，如在普通法院下设置专业法庭解决某类专业性纠纷。

从环境保护的发展趋势和环境纠纷解决的现实来看，环境司法现代化的目标就是环境司法专门化。20 世纪 60 年代以来，日益恶化的环境问题引起各国的普遍关注。全球气候变暖、温室效应加速、酸雨蔓延、生物多样性减少、土地荒漠化沙化严重、森林锐减、环境污染加剧等问题严重威胁着人类的生存与发展。在我国，环境保护形势也非常严峻，环境污染和生态破坏是实现我国可持续发展面临的主要问题，环境污染突发性事件频发威胁和损害着人民群众的健康和财产安全，威胁和损害着国家生态安全，公民环境权益和环境公共利益急需法律的有效保护和救济。而在其中，构建完善的环境纠纷解决机制，尤其是司法解决机制，对于及时有效地解决因环境破坏和环境污染而引起的各种社会纠纷，对于实现环境保护的基本国策，实现可持续发展，加快生态文明体制改革，建设美丽中国都极具意义。在环境问题上诉诸司法，获得救济的权利也在有关国际环境法律文件中明确规定。1998 年《公众在环境事务中获得信息、参与决策、诉诸司法权利的奥胡斯公约》规定，“公众的环境知情权、决策参与权受到有关公共机构的不当处理时，有权诉诸法院和其他独立的公正的机构”。同时，要求各国的“法律和制度必须保证这个问题是可诉的”。并且，“国家应该为这一权利的实现提供程序保证”。考虑到环境纠纷属于现代型纠纷，其特殊性决定了司法专门化是公众实现环境权益、国家实现其环境政策的基本保障。

（二）环境纠纷的特殊性与环境司法的专门化

环境纠纷作为一种新型纠纷，对于其司法解决机制而言，它的以下这些特点是必须注意的。

其一，环境纠纷所涉及的利益是多元的、扩散性的。环境纠纷往往是自然、社会、历史等原因交织形成的，它既涉及纠纷当事人的利益，也涉及社会公共利益和生态平衡。这是因为虽然每个人有着不同的环境感受，但环境要素及其构成的整体不可分割，是社会经济发展的基础和载体。既涉及财产利益、人身利益，也涉及生态利益。这是因为环境资源本身承载了生态价值和经济价值。对环境资源的破坏和污染，必然会导致这两种价值的贬损，也必然会导致利益相关人出现不同的利益诉求。另外，环境纠纷的利益形态可能是扩散性的。环境的生物性、地理上的整体性，生态的连锁性和环境影响的广泛性，使环境侵害往往造成一定区域范围内或生态系统内不特定的多数人的受害，甚至是包括后代人的受害，而这种损害可能是明确的，也可能是潜在的。

环境纠纷公益性、扩散性的特点构成传统诉讼的难题。在当事人适格上，对于个人因为公共利益提起环境诉讼，对于因为环境侵害而间接受损的公民提起诉讼的问题尚待解决，对于社会组织、国家机关提起环境诉讼的问题需要进一步的研究。与此同时，纠纷解决过程中还牵涉对被侵害者为数众多但侵权数额不大的侵权赔偿确定问题，牵涉各种利益衡量的问题。个人权利并不是绝对和无价的，相对于社会的整体利益和为追求这一权利所付出的资源和社会成本而言，其价值可以作出衡量和舍弃，因而在环境纠纷解决中需要明确的利益衡量机制。对于环境纠纷的解决而言，只考虑财产利益和人身利益而忽视生态利益的做法也是不合适的。因此，这些问题的解决，很明显需要司法机制的创新。

其二，环境纠纷的当事人往往力量不均衡。这种不均衡表现在经济实力的差异、信息的不对称和组织能力的差异上。环境纠纷的加害人多为具有较强经济实力的企业和机构，受害人多为一般公众。环境纠纷的侵权者一方对有关纠纷对象的知识信息拥有质和量上绝对的优势，而受害人一方往往并不具备专门的环境专业知识，也就不能知晓污染物的致害机理、评估方法和环境侵权行为的危害程度。环境纠纷的加害者一方具备了较强的谈判能力，受害者一方则往往立场分散。

这表明在司法解决环境纠纷的过程中，双方当事人力量的失衡需要一定的程序保障机制加以纠正，以保障环境公平和司法正义的实现。对这种纠偏，包括通过设立诉讼上的特别制度，比如环境诉讼证据制度、环境集团诉讼制度、环境诉讼基金制度、环境诉讼费用制度、环境诉讼支持制度等强硬地进行；也包括通过法院附设ADR方式柔和地进行，因为被告人一方往往会考虑到诉讼的消极后果和社会效应，往往愿意放弃力量上的强势，通过协调解决问题，所以这种方式也有其适用的场所。

其三，环境纠纷的解决具有专业性。环境纠纷由于与自然环境相关，也就必然与科学认知和技术相关。造成环境污染和环境破坏的原因很多而且复杂，对环境侵权因果关系的判定，危害程度的鉴定，损害后果的定量，都需要通过分析、化验、科学实验等多种技术手段才能得出科学的结论。与此同时，环境纠纷具有"科学上的不确定性"。亦即，由于科学技术水平发展的制约，对某些环境损害发生的原因、致病机理、损害后果、恢复方法及成本，对环境要素生态功能的经济评价等还可能缺乏明确的、一致的评估手段和认知方法。

由于环境纠纷的认知与解决与科学技术水平密切相关，而"科学上的不确定性"使人们对环境纠纷产生的基础原因、环境纠纷的后果甚至环境污染或环境破坏的主体的认识具有滞后性，这就对环境案件的审理提出了特殊的要求。它既要求审理环境案件的法官具备一定的专业性知识，也要求有一定的程序保证专业人士的参与，还要求在案件涉及"科学上的不确定性"时有相应的解决规则。

其四，环境纠纷往往引发民事、行政和刑事案件的交叉。环境法是对环境危机反思的产物，是公法和私法相互交错的产物。环境问题是在私法领域产生的，环境保护首先要求私法的基本原则要有所调整。但是，仅仅有私法调整方法还是不够的，因为环境与生态保护已经成为人类社会经济发展的基础条件,它的公共利益形态的意义已经与私人利益的意义并重,并在一定范围内超越了私人利益。这就需要新的法律手段和措施,需要借助“国家之手”进行积极调控。因此,环境法运用公法手段和私法手段共同进行调控,其制度有明显的公法私法化或私法公法化的趋势。正是因为环境法调整手段的综合性,环境纠纷往往引起环境民事、行政和刑事案件的交叉。环境民事与行政案件交叉主要是因为引发环境纠纷的原因事实中有一定的行政行为,如某市规划局批准开发商在某广场一侧建立住宅区,部分市民认为该住宅区破坏了广场的景观、侵害了自己的优美环境享受权,诉至法院要求撤销规划局的批准,并要求开发商进行赔偿。或是在环境纠纷处理的过程中有一定的行政行为,如某企业排放的废物导致村民果树减产,该企业申请环保部门进行了损害鉴定,后来村民提起诉讼要求企业赔偿并要求确认环保部门鉴定违法。环境民事与刑事案件交叉则主要是因为对于严重的环境污染和破坏行为,必然是民事追究和刑事追究并存。环境行政与刑事案件交叉则主要是环境监管失位、失职而导致行政争议和刑事追究。

环境交叉案件的复杂性需要考虑不同的法律关系如何调整,需要综合考虑私权与公益、权利与权力、个人与社会、政府与社会的关系,需要回答诸如该案件究竟由哪个庭受理,按照什么程序审理,对于有公权力介入的环境民事行为应如何判断,对于私益性环境纠纷如何考虑公共利益保护等必须要面临的问题。而在传统三大诉讼设立审判机构并且严格分工的司法框架下,是很难合理解决这些问题的。

其五,环境纠纷处理的相关法律具有相当模糊性。环境纠纷所争议的核心是环境权,而作为一种新型权利,法律的规定不明确或不完善。而且由于国家需要在社会发展和环境保护中间寻找合适的临界点,立法机构制定的环境法律或是原则性大于可操作性,或是不能涵盖所有的社会生产、生活状况,同时由于环境问题的复杂性和突变性,环境法制、环境标准也存在着漏洞或滞后。权利的新颖性、立法的滞后性,使法院在处理环境纠纷时不单要考虑已经发生的事实并简单地适用既有的法律规范来解决纠纷，还必须考虑判决的政策性目的和社会效应，在必要时还应大胆地通过创制判例来形成新的规范，承担公共政策形成功能。但这不是传统法院所能承担的，通过法律自身追求环境纠纷解决的形式正义和实质正义可能性受到限制。

可以看出，将环境纠纷强行分解为环境民事纠纷、环境行政纠纷和环境刑事纠纷，分别由民事庭、行政庭、刑事庭用对应的环境民事诉讼、环境行政诉讼和环境刑事诉讼程序加以处理不能有效解决环境争议，实践中也必然会出现环境案件受理难、审理难、判决难、执行难的情况。所以，对传统环境司法机制进行改革就成为必然。司法专门化通过机制创新和程序创新，秉承程序正义和实质正义相统合的立场，强化公众参与，以专门的审判机构处理过去传统的法院没有处理或很难处理的具有较强“政策性”或“专业性”的案件，在兼具公益私益或法律模糊化的领域显示优势。因此，司法专门化的目标与环境纠纷解决的特殊性要求是契合的。环境司法专门化应当是环境司法机制创新的基本方向。它为实现环境案件的专业化审理，实现环境法的正确执行，实现公众的环境权益，乃至实现环境权的法定化和促动环境法的更新提供了可能。

二、我国环境司法供应不足的必然要求

（一）我国现行环境司法存在的问题

随着我国社会经济发展对环境资源利用度的加强和公众环境意识的增强，环境问题及其引发的环境纠纷已经成为我国所面临的主要社会问题和纠纷形态。但我国现行的环境司法体制还远远不能适应环境纠纷的发展状况，司法各个环节在运行中都存在一定的困难和问题。

1. 环境案件启动难

环境案件的启动程序是环境司法审判的第一步，在现有的法律框架内，虽然实行了立案登记制，对环境公益诉讼也进行了法律上的确认，但

实践中,环境案件进入司法审判的启动仍有一定的困难。

根据原国家环境保护总局的统计,从20世纪80年代中期到20世纪90年代中后期,我国的环境纠纷数量一直保持在每年10万件左右,进入21世纪以来,环境纠纷数量迅速增加,2002~2006年年均增长约87%。但是环境诉讼案件并没有出现相应的增长,环境污染受害者的合法权益也因此无法得到有效保护,行政行为相对人不愿告、不敢告、不会告与法院不愿理、不敢理、不会理的现象十分普遍,环境犯罪难以被依法有效追究。2012年《民事诉讼法》的修改为社会组织、国家机关提起环境公益诉讼提供了法律依据,2015年《环境保护法》修改进一步明确了提起环境公益诉讼的社会组织的条件。2015年1月实施了最高人民法院《关于审理环境民事公益诉讼案件适用法律若干问题的解释》(以下简称《环境民事公益诉讼司法解释》),2015年7月开始了检察机关提起公益诉讼试点,2018年3月实施了最高人民法院《关于检察公益诉讼案件适用法律若干问题的解释》(以下简称《检察公益诉讼司法解释》)等司法解释。上述一系列司法解释和推动环境诉讼措施的出台为环境案件进入司法审判提供了有力的支持,但环境案件特别是环境公益诉讼案件并没有如大家料想中的一样出现井喷式的爆发(见表1、表2)。

表1 2014~2016年全国法院受理案件情况①

	2014~2015年平均情况	2016年情况
全国法院受理案件	1041.55万件	2305.27万件
全国法院受理环境案件	12.22万件	14.64万件
环境案件在全国法院案件中占比	0.0117%	0.0063%

① 周强:《2017年最高人民法院报告》,载http://www.court.gov.cn/zixun-xiangqing-82602.html,最后访问日期:2018年7月30日。

表2 2016年7月至2017年6月全国法院受理环境诉讼案件情况①

	数量(件)	占比(%)
环境刑事案件	16,373	6.7
环境民事案件	187,753	77
环境行政案件	39,746	16.3
社会组织提起公益诉讼	57	0.023
检察机关提起公益诉讼	791	0.324

从表1可以看出,环境案件在全国受理案件中占有的比例很小,2016年的占比情况相较于2014~2015年的平均情况还有所下降。从表2可以看出,2016年7月至2017年6月全国法院受理环境诉讼案件243,872件(刑事、民事、行政案件的总和),主要集中在民事案件,刑事、行政案件占比很小,公益诉讼案件的占比还小,特别是社会组织提起的环境公益诉讼案件仅占环境案件的0.023%。因此,环境案件的启动情况并不乐观。

环境案件的启动难,主要体现在立案、取证、诉讼费用等方面。第一,环境案件的立案难。虽然我国实行了立案登记制,赋予了社会组织、检察院环境公益诉讼的原告资格,扩大了环境案件的原告范围,但有案必立的原则在环境案件中显然没有发挥作用,特别是环境公益诉讼案件。一方面,由于在当前环境公益诉讼之中,行政力量是非常强大的,司法在保护环境之中,显得非常弱小,行政力量干涉法院立案,造成了环境公益诉讼的立案难。② 另一方面,对于部分环境案件如环境公益诉讼案件的立案实行审查制,环境公益诉讼案件需要上下级人民法院有报告制度,中级法

① 最高人民法院:《环资审判(白皮书)及环境司法发展报告发布》,载最高人民法院网:http://www.court.gov.cn/zixun-xiangqing-50682.html,最后访问日期:2018年7月30日。

② 湖南省高院环资庭课题组、郴州中院课题组:《环境公益诉讼案件审理情况调研报告——以司法实践为视角》,2017年11月,第23页。

院需要逐级呈报到最高人民法院之后,由最高人民法院确定是否立案。[①]第二,环境案件取证难。根据我国《民事诉讼法》的规定和司法实践,起诉应当具备具体的事实和理由,明确的被告,应当提交环境损害的初步证据,因为环境案件一旦发生涉及的时间、主体和科学技术是非常复杂的,那么在起诉之初如何确定被告,如何获得初步证据成了案件进入诉讼程序的拦路虎。第三,案件涉及的费用高昂。虽然民诉法确立了案件的诉讼费缓交、免交制度,但在各地环境案件的司法实践中做法都不一致,没有明确的指引,而环境案件往往标的较大,诉讼费用较多,在没有绝对把握或足够经济支撑的前提下不敢启动案件。有些环保案件,诉讼费、律师费、鉴定费以及为诉讼耗费的其他费用等,加起来动辄数十万元、上百万元,这是因为环保案件专业性强,取证、鉴定等过程耗时、耗力、耗财。[②]也导致很多当事人不敢涉足。

2. 环境案件审理难

环境司法审理环节的主要问题是证据规则适用难,利益衡量难,行政行为审查难,特殊环境案件审理难。

第一个证据适用问题是举证责任倒置和因果关系推定规则如何适用的问题。我国相关法律和司法解释确定在环境污染损害赔偿案件中实行举证责任倒置和因果关系推定。[③] 但对法官能否进行因果关系推定,推定什么因果关系,环境污染损害赔偿诉讼的证明标准是否也为高度盖然性标准以及当事人的举证责任范围等重大问题却没有明文规定,使对这一问题出现了两种不同的理解:一种认为,我国在环境污染案件中已采取因果关系推定原则,因而只要原告证实自己有损害结果,被告有加害行为,二者之间存在可能的关联程度即告因果关系成立。另一种认为,原告

---

① 湖南省高院环资庭课题组、郴州中院课题组:《环境公益诉讼案件审理情况调研报告——以司法实践为视角》,2017 年 11 月,第 11 页。

② 汪志球:《环保官司成本高,谁来埋单?》,载《人民日报》2012 年 9 月 15 日。

③ 《侵权责任法》第 66 条、2002 年最高人民法院《关于民事诉讼证据的若干规定》第 4 条规定。

对于因果关系有初步的证明义务，且要达到盖然性的程度，再由被告进行反证。在具体案件中，往往是原告方持第一种意见，而被告方持第二种意见，法官则摇摆其中。根据一个对于环境污染案件的调查统计，关于因果关系的判断，其中判定“行为与后果之间没有因果关系”的占37.2%，基本上没有适用因果关系的推定程序规则，也没有发现降低因果关系证明标准的情况，运用举证责任倒置的仅为49.6%。[①] 这样做的最终结果是由于当事人的立场不同，导致对案件处理结果的认识不同，从而出现一些污染案件反复上诉、申诉现象。环境公益诉讼案件因果关系证明责任与环境侵权案件因果关系证明责任一样，在司法实践中也普遍存在“心口不一”（一方面提及或引用《侵权责任法》第66条等规定的举证责任倒置规则，另一方面却仍然让受害人承担举证责任）。[②] 而在环境侵权责任纠纷司法解释发布后，又产生对“关联性”的争议，进一步加大了证据规则适用的难度。

第二个证据问题是如何对待鉴定问题。由于环境案件具有较强的专业性，法官对鉴定比较依赖。在上述调查统计中，因果关系依赖鉴定结论或明确的法律规定进行判断的占75%，而法官运用证据规则认定因果关系的仅为25%，另外还存在一边适用举证责任倒置规则，一边仍然坚持运用鉴定结论认定因果关系的情况。[③] 但现实是我国还没有构建完善的环境污染及其损害的司法鉴定机制，具备进行环境科学鉴定条件和能力的机构非常少，从而出现多头鉴定、重复鉴定、鉴定结论混乱等局面。

第三个证据问题是如何对待含有科学不确定性因素的证言。环境法中的“科学上的不确定性”是指由于人类利用各种技术，以从未有过的或者从未预期到的方式改变了环境，但对环境、对人类健康产生何种影响常

---

① 吕忠梅：《中国环境司法现状调查》，载《法学》2011年第4期。

② 张挺：《环境污染侵权因果关系证明责任之再构成——基于619份相关民事判决书的实证分析》，载《法学》2016年第7期。

③ 吕忠梅：《中国环境司法现状调查》，载《法学》2011年第4期。

常不知道或者需要很长时间以后才知道。这种“科学上的不确定性”反映在环境诉讼中就是对有些物质的毒性或对环境的影响在案发时还无法证实但可能发生的专家证言。这种证言或证据对于证明损害或损害危险是不充分的,但能表明对公众存在潜在的危险。《里约环境与发展宣言》原则 15 指出:为了保护环境,各国应按照本国的能力,广泛适用预防措施。遇有严重或不可逆性损害的威胁时,不得以缺乏科学充分确实证据为理由,延迟采取符合成本效益的措施防止环境恶化。这种措施也应包括司法上的措施。我国审理环境民事诉讼的司法解释也规定专家意见经质证,可以作为认定事实的依据。上述规定虽然认可了专家意见作为环境民事诉讼的证据形式,但其证明力大小如何确定,特别是与鉴定意见不一致的情况下法院如何认定在司法实践中仍然是个难题,这就使诉讼很可能陷入科学论争的泥潭。

第四个证据问题就是如何对待环保部门的调查取证问题。最高人民法院《关于审理环境侵权责任纠纷案件适用法律若干问题的解释》(以下简称《环境侵权责任司法解释》)第 10 条规定:“负有环境保护监督管理职责或者其委托的机构出具的污染环境事件的调查报告、检验报告、检测报告、评估报告或者监测数据等,经当事人质证,可以作为认定案件事实的依据。”在我国的环境管理体制下,在取证问题上,受害者主要依赖的是环保部门的力量,如果原告已经向环保局申请了调查,环保局也依职权进行了取证并得出了结论,原告当然会以此作为向法院主张权利的主要证据。而环境保护部门出具的污染环境事件的调查报告、检验报告、检测报告、评估报告或者监测数据等实际上是一种行政确认行为,根据民事诉讼法和行政诉讼法的一般原理,法院在面对此种情况时会陷入两难困境。如果法院对环保局依职权进行调查的结论的效力不予认定,原告提起民事诉讼将没有意义。如果法院将其作为证据接受,又面临着如何对该证据进行审查的问题。因为环保局的行政确认行为是具体行政行为,民事审判庭无权对具体行政行为的效力进行审查,也会出现这样的尴尬情况:

一方当事人以此决定为证据提起民事诉讼，要求损害赔偿，法院对上述证据经过举证质证后予以认定；另一方当事人对此决定不服提起行政诉讼，要求撤销环保局的行政确认行为。随后就有可能出现民事审判庭以此为依据决定损害赔偿，行政庭认为该确认行为违法而予以撤销。这样就必然出现事实上对环保局同一行为的不同效力认定，并且都是由司法机关所作出的判断的荒谬结果。如果上述规定意味着民事审判庭对于环保局的具体行政行为进行审查，也可能出现十分尴尬的后果：法院依照民事诉讼程序审查行政行为并且由民事审判庭决定行政行为的效力。①

拉伦茨在《法学方法论》中提道："个案中之法益衡量是法的续造的一种方法，它有助于答复一些法律未明定其解决规则之规范冲突的问题。"②环境司法普遍涉及经济利益、生态利益和私益、公益冲突问题，利益衡量的存在空间宽广。因为产生环境损害的生活和产业活动一般都有合法性和有用性，法院需在具体案件审理中，进行利益比较，以维护生活或产业活动与环境保护之间的平衡。然而，法院通过"衡平平衡"等利益衡量方法，常常偏向于保护产业活动、经济利益。已有批评意见指出："认为'环境保护和产业开发两者均具重要的社会价值'，从而从平面的价值并列出发而进行'利益衡量'的方法，有很大的危险，即实际是让开发的利益优先，使环境作出牺牲。在如今已无法挽回的环境破坏的推进当中，原有的这种无原则而实际上有利于企业方面的所谓'利益衡量'，可以说已经到了应从根本上重新进行构建的时候了。"③另外，民事诉讼是私益纠纷的解决方式，并没有为公共利益的保护留下多大空间。除了公益诉讼之外的诉讼，保护公共环境利益既不在原告的起诉动机之内，也不在被告的辩护目的之中，公共环境利益往往成为双方所忽略甚至可以牺牲的

---

① 吕忠梅：《环境诉讼初探》，吕忠梅、徐祥民主编：《环境资源法论丛》（第 3 卷），法律出版社 2003 年版，第 326 ~ 327 页。

② ［德］拉伦茨：《法学方法论》，陈爱娥译，商务印书馆 2003 年版，第 286 页。

③ ［日］小林直树：《现代基本权的展开》，岩波书店 1976 年版，第 278 页，转引自［日］大须贺明：《生存权论》，林浩译，法律出版社 2001 年版，第 204 页。

东西。这样,就没有恰当的机制兼顾私益和公益的保护。而且在我国,诉讼法中并没有利益衡量的规定,在环保法与产业法、法律与政策所谋求的目标在具体案件中发生冲突时,法院往往由于无能为力而消极对待。

国家环境管理权涉及面广,其不行使或不当行使会引发行政纠纷乃至民事纠纷,因而对环境行政行为进行审查是环境司法的主要任务之一。在2018年之前我国法律赋予环境资源管理权的行政机关甚多,仅《环境保护法》就授权十余个行政机关进行管理,而且这些行政机关之间的职权和职责并没有明确的界定。加之各个相关单行法又分别在单独立法中设定了某一范围内的"主管部门",且明确规定了其对资源开发利用保护与污染防治的"法定职责",因而致环境保护部门与其他相关部门的权力交叉、重叠。在各部门通过立法将"部门利益权力化、法定化"的情况下,各部门依法争权推责,常常由于法律之间的冲突而使法官对环境行政行为的司法审查陷入困境。①

特殊案件审理难,主要体现在环境公益诉讼案件、交叉案件和生态破坏案件审理难。虽然我国最高人民法院出台了环境公益诉讼法律适用的司法解释,但由于环境公益诉讼是司法领域的新生事物,目前的规则单薄,不足以解决运行中出现的形形色色的问题,如环境民事公益诉讼的诉前程序与行政公益诉讼的诉前程序在内涵上的冲突,这导致各地法院在受理环境公益诉讼后,在审理过程中"摸着石头过河"。而环境民事、行政、刑事交叉案件的主要问题是由于环境案件的特殊性,传统的交叉案件审理规则难以适用,从而产生由哪个庭室进行审理,由什么程序进行审理,先审理哪个部分的问题。生态破坏案件如果按照传统诉讼规则审理是没有什么问题的,但考虑到生态破坏纠纷和环境污染纠纷性质一样,都属于环境纠纷,而其诉讼适用规则不一致,则会引发法理方面的问题。考察我国民事诉讼法有关环境案件的规定,发现为环境保护案件所设置的

---

① 吕忠梅:《论环境纠纷的司法救济》,载《华中科技大学学报》(社会科学版)2004年第4期。

特殊规则仅限于环境污染诉讼。如《侵权责任法》第66条规定:因污染环境发生纠纷,污染者应当就法律规定的不承担责任或者减轻责任的情形及其行为与损害之间不存在因果关系承担举证责任。对于环境污染案件确立了无过错的归责原则,而我国的环境民事公益诉讼案件司法解释规定了提起环境民事公益诉讼应当提交被告的行为已经损害社会公共利益或者具有损害社会公共利益重大风险的初步证明材料,对于破坏生态的案件则会适用这一规则,即将因果关系的证明责任分配给原告承担,这样就使在司法实践中,环境污染案件适用特殊侵权诉讼规则,而生态破坏案件适用一般侵权规则,这就会出现同为环境受害人但因为受害的原因不同而承担的举证责任、诉讼成本轻重程度完全不同的情况。

3. 环境案件判决难

环境司法判决环节的问题主要体现在两个方面:一是由于法律过于原则,导致法律援引和责任形式适用上的困难;二是由于地方保护主义,导致正确判决的困难。虽然我国制定了大量的环境资源方面的法律,但大多较为原则,法律责任条款简单,可诉性模糊,这导致在具体的环境案件中,无法为案件判决提供充足的法律依据。这也导致现实中环境司法判决侧重适用几部法律,大量的专门环境法律法规在司法中没有被适用,有一些立法对法官来说"不好用"甚至"不能用"。[①] 目前环境侵权诉讼提供的只是事后的救济,无法做到预防环境损害的发生。但环境损害保护的特点要求提供诉讼预防机制,允许对潜在的环境损害提起诉讼,广泛适用强制令,禁止污染和破坏环境的行为。比如,公民如果认为环境影响评价不合理或者认为某一项目存在潜在的环境损害,可以向法院提起诉讼,请求法院判令企业采取停止侵害或者重新评估等治理措施,而现行民事诉讼制度不能提供这样的机制。

有一些环境案件则是因为地方经济发展、社会稳定以及部门保护

① 吕忠梅:《中国环境司法现状调查》,载《法学》2011年第4期。

主义的压力而不能依法正确判决。如我们经常看到的一些环境案件被人为地以程序理由驳回起诉，一些案件受害人的合理诉讼请求得不到支持，一些责任形式难以得到运用。在环境民事案件中，原告的诉讼请求主要集中在两个方面，即赔偿损失以及停止侵害、排除妨碍和消除危险。只要涉及本地较大企业，法官更愿意支持赔偿损失，而不愿意运用其他责任形式。①

4. 环境案件执行难

环境司法执行环节的问题与其他司法领域的执行问题同出一辙，主要是体现在环境民事案件和行政机关败诉的环境行政案件、环境行政赔偿案件执行难。另外，比较特殊的就是环境公益诉讼的执行难。环境民事公益诉讼的程序构造决定其裁判内容不同于普通民事案件。环境民事公益诉讼案件裁判的执行程序较普通民事案件更为复杂。我国环境民事公益诉讼执行阶段存在的问题包括启动执行权利人不明，持续监督乏力、执行财产归属不一，无操作规则可依、执行财产的管理无规，依法监督者缺失。② 另外，环境案件的裁判并非完整收场。上诉案件和再审案件数量很多，如 2003 ~2007 年环境案件上诉和再审比例远远高于同期全国案件的统计。③ 从中国裁判文书网查询自 2014 年起二审和再审的环境案件共有 127472 个结果，其中再审的案件比例较高，因此环境司法领域的“判决不决、终审不终”“案结事不了”现象广泛存在。

（二）我国环境司法供给不足的原因

1. 环境立法不完善

我国的环境立法经过 30 年的历程，已基本形成了体系，但环境实体

---

① 吕忠梅：《中国环境司法现状调查》，载《法学》2011 年第 4 期。

② 刘斯：《检察监督视角下看环境民事公益诉讼案件执行程序的完善》，载湖北省人民检察院网：http://www.hbjc.gov.cn/jcyj/201805/t20180502_1281558.shtml，最后访问日期：2018 年 7 月 29 日。

③ 吕忠梅：《中国环境司法现状调查》，载《法学》2011 年第 4 期。

法仍然存在公民环境权益缺乏规定、法律责任规定笼统、公众参与规定模糊、可操作性不强等问题，还不能为环境司法救济提供足够的实体法支持。环境程序法还没有形成自身的体系，相关规定散布于《环境资源保护法》《侵权责任法》《民事诉讼法》《行政诉讼法》等程序法中，诉讼资格、受案范围、管辖制度、证据规则、裁量规则、执行手段等都还受制于传统诉讼法的诉讼目标和制度，还不能为环境司法提供良好的法律适用条件。无论是环境权益的设定，还是环境权益实现的方式、保障和程序都还需要环境法律的完善。由于缺乏完善的环境实体法与程序法依据，使法官难以准确把握环境诉讼的特殊性，难以建立符合环境权益保护要求的逻辑思维，从而造成现实中的"启动难、受理难、判决难、执行难"。

2. 环境司法定位存在局限

一般而言，案件的数量直接反应社会秩序的稳定，案件数量少表明社会矛盾与冲突程度低。但是在我国环境司法领域，却出现了另外的情况：一方面是因环境问题引发的社会纠纷高发，另一方面是法院受理的环境案件极少；一方面是经过司法裁判的案件少，另一方面是进入上访、申诉程序的案件多。这表明我国的环境司法仍然受制于消极司法、维稳等理念，环境保护、可持续发展等理念未能贯彻于环境司法中，从而缺乏解决新型案件的勇气和能动性，环境司法功能未有效发挥。

由于环境损害不是致害人直接作用于受害人，往往通过环境介质，如大气、水、土壤等载体间接作用于受害人，而且大多数情况下不是立即作用，通常要经过一定时间的积聚、累变、富集，才能真正导致受害人的损害结果的发生，从而具有潜伏性、长期性、间接性等特质，这导致环境案件的审理比普通案件难度要大。在案件的审理过程中，有关损害原因的调查、损害结果的鉴定、因果关系的证明、举证责任的负担等都需支付较大成本，而且环境案件往往牵涉的当事人较多，这对案件审理的进程和审结的时限都提出了挑战。环境案件的另一个特点是需要对法律还未明确规定的环境权益进行阐释，对案件所牵涉的公共利益进行认定，这需要一定的司法能动，少一些保守性。在恪行司法克制主义的我国，按照这样的司法理念进行审判是具有一定风险的。这导致实践中，各地法院对环境案件受理的积极性不高，甚至还出现了设法不予受理、规避此类案件的现象。

3. 环境审判机制具有缺陷

审判组织及其运行机制是保障司法活动健康有效的必要条件。环境纠纷的利益多元性、诉讼关系的复合性决定了必须建立符合环境纠纷特点的审判组织及其运行机制。但是，目前我国实行的民事诉讼、行政诉讼、刑事诉讼严格区分的审判方式，以及为此设立的审判组织和运行机制，不能适应环境纠纷解决的需要，导致一些环境案件司法审查的困难。首先是对兼具环境公益和私益的案件无法进行判断。其次是对含有多元法律关系的纠纷难以判断。在环境纠纷中，一个环境污染或环境破坏行为通常会违反民法、行政法或刑法等实体法的规定，因一个污染或破坏环境的行为所引起的纠纷须分别按照民事、行政或刑事诉讼程序由不同的审判庭予以审理，这对迅速救济受害人，惩罚加害人，保全环境均不是最佳途径。由于各级人民法院的民事、行政、刑事审判业务独立性较强，对于涉及两个或两个以上不同专业审判庭的环境纠纷案件，各专业审判庭通常只能根据一个诉讼程序进行审理，而对于同时涉及其他诉讼程序的案件置之不理。其结果是，如果当事人要想追究加害人其他法律责任，则须通过另一诉讼途径进行解决。这样，不仅不利于及时抑制污染或破坏环境的违法行为，还不利于迅速、全面救济受害人。[①] 这种分散式的审理模式最终造成环境案件的管辖，相关审判组织在有利时力主，在无利时推脱；环境案件的审理，资源浪费、效率低下；环境案件的判决，法律适用和权利认定缺乏一致性，甚至矛盾。

4. 司法能力不足

环境司法的良性运行与法官的素养与能力密切相关。环境问题的复

---

① 罗丽：《中国环境纠纷司法救济途径研究》，载《法学杂志》2009 年第 1 期。

杂性、环境纠纷的利益多元性、专业性和形态多样性决定了环境司法应该是具有高度专业素养和较强司法能力的法官才能胜任的工作。但是，由于我国的法官“大众化”背景，由于我国环境法教育和研究的不成熟，目前具备环境科学或环境法专门知识的法官还较少，法官们还未能形成环境法思维，未能完全掌握环境法的精神和实质，从而导致法官在处理环境纠纷时往往力不从心，他们的个体利益与环境公益的衡量技术、经济发展与环境保护的协调能力和对法律的理解能力等方面都不能很好地满足解决环境纠纷的需要，造成环境案件审理效率和质量的降低，影响环境司法公正。

5. 司法环境受限

司法环境是环境司法运行困难的外部原因。虽然近年来，我国在司法独立上作出了很多努力，但司法不独立在环境司法中有着更为明显的体现。环境问题是社会经济发展过程中产生的问题，环境保护在一定时期、一定区域内是与社会经济发展有一定的冲突的。尤其在我国，经济发展是目前的主要目标和工作中心，各级政府和官员的绩效考核无不与经济指标相挂钩，因而一旦发生环境保护与经济发展相冲突的情形，部门保护主义、地方保护主义对环境司法的干预就会加强。另外，环境纠纷往往是群体性纠纷，由于担心诉讼会引起示范效应，地方政府出于刚性维稳的需要也常常干预司法。就现行司法体制而言，各级人民法院的人、财、物都受制于地方政府，司法机构是没有顶住各方面干预的条件和能力的。这样就会导致一些环境案件不能得到受理，或者受理后得不到公正判决。

由于自身机制的限制和外部力量的影响，环境司法远远未发挥作用，处于一个尴尬境地，困惑于司法能动与司法克制的适度平衡，法官徘徊于保守与开放之间，[①]现行环境司法体制已经不适应我国环境纠纷解决的需要了。随着公众环境保护意识的提高，随着我国社会经济的发展，环境

---

① 张晏:《中国环境司法的现状与未来》,载《中国地质大学学报》(社会科学版)2009 年第 5 期。

纠纷的急剧发展已经是一个事实，并且这种趋势不会短期内结束。要实现我国的可持续发展、推动生态文明建设，要解决环境司法所面临的这些问题，环境审判机制的创新是必然之途。

第二节 环境审判机制创新的切入

一、环境审判机制创新的目标

我国环境审判机制创新的目标是环境审判专门化，建立相对独立、专业、综合、系统的环境审判机制。这既是司法现代化的要求，是对社会纠纷精细化和环境纠纷类型化的回应，也是我国环境纠纷解决现状的要求，是应对环境纠纷的复杂性和利益扩散性的必然选择。所谓“独立”，是通过设置相对独立于其他庭室或普通法院的专门审判机构，根据可持续发展观来审理环境案件，应对扩散性的专门性纠纷。所谓“专业”，是考虑到环境纠纷所涉及的科学技术性，配备专业的审判人员应对专业性纠纷。所谓“综合”，是通过程序创新，应对涉及利益多元与民事、行政、刑事法律关系混合的环境案件。所谓“系统”，是通过制度创新和统合，实现环境司法的健康、有序、高效运行。环境审判专门化包括以下核心内容：

第一，确立明确的环境审判理念。传统的环境审判理念服从于传统的审判理念，对环境权益的判断建立在经济判断之上，建立于法律是否明确规定之上，从而导致经济发展优先于环境保护问题，忽视环境本身的生态价值，忽视公众的环境利益要求，这是一种不可持续的环境观。现代社会广泛接受的环境观是可持续发展观。20 世纪 80 年代，世界环境及发展委员会提出“可持续发展”理念，可持续发展是既满足当代人的需求，又不对后代人满足其需求的能力构成危害的发展。资源的持续利用和生态系统可持续性的保持是人类社会可持续发展的首要条件。以可持续发展为出发点，强调的是在自然环境的承载力内发展经济，以便把环境保护与社会经济活动全面、有机地结合起来，按照生态持续性、经济持续性和社会持续性的基本原则规范人们的一切活动，从而实现人与生态自然的共存共荣的目的。其以限制人类发展经济的绝对自由作为出发点，以法律生态化的理念重新调整人与生态自然的关系，确立尊重生态自然的审判理念，改变“经济优先”的传统思维。[①] 只有在这种理念的指导下，才能推动环境价值的认可，推动环境公共政策和环境保护法律的制定，乃至最终促成环境权的法定化。在这种审判理念的要求下，审判机构应当同等审视环境的经济价值与生态价值，秉承积极司法模式，探察环境纠纷中所蕴含的公共利益与私人利益，运用包括预防手段在内的多种司法手段预防、阻止环境损害的发生，对受到损害的国家、公众的环境权益进行救济。

第二，设置专门的环境审判机构。环境法作为一种新型的法律，有其自身存在的逻辑和生命力，其法益的实现要求不同于传统程序保障的诉讼机制，而环境案件也具有不同于一般案件的特性，这都对审判机构提出了新的要求。这些特殊要求，传统审判机构难以做到，因而有必要设立专门的审判机构。相对于传统审判机构，专门的审判机构在统一环境司法尺度、对环境案件实行专业化审判、维护公共及公众环境权益和克服地方保护主义方面具有优势。综观各国专门环境审判机构实践，环境审判机构专门化主要有两种模式。一种是设立环境法院，另一种是在普通法院中设立环境法庭。这两种模式均有其适用的条件和领域，我国采取哪种模式需要经过对比考察和综合我国的实际情况来决定。

第三，设计综合审理的环境审理程序。在环境保护领域，由于环境问题的复杂性，环境立法采取了公法与私法的双重保护机制，这导致一个环境案件既可能涉及对个人私益的妨害，也可能同时涉及对社会公共利益的侵犯。因此，环境公权力介入环境民事行为非常普遍，环境纠纷所涉及的法律关系非常复杂，可能会同时存在民事法律关系、行政法律关系和刑

---

① 陈泉生、林哲森：《论我国环境资源审判机构的设立》，载《东南学术》2010 年第 5 期。

事法律关系等多种法律关系。这些法律关系彼此交叉，而所调整的利益形态又彼此不同。如果仍用传统的民事、行政和刑事案件审理程序，则会影响案件审理的公正和效率，甚至会带来判决的矛盾。更为关键的是，这种审理程序无法为环境公共利益的判断和明晰提供足够的空间和平台。由于环境纠纷涉及社会公共利益和个人利益，因此，必须突破专注于行政行为合法性的行政诉讼、专注于民事权益合法性的民事诉讼和专注于刑事追诉的刑事诉讼的分野，用一种审理程序实现对行政行为和民事行为的综合审查，用一种审理程序实现对个人私益和环境公共利益的综合考察，这种新的审理程序应当是民事、行政、刑事“三合一”的审判模式。

第四，设立系统的环境审判制度。在环境纠纷所引起的环境案件里，受害人权益必须得到及时妥善的救济，否则危及整个社会的生活环境和受害人的生存权利，同时由于环境危害一旦产生就难以恢复，因而要求预防性的手段；诉讼围绕的利益争执点呈现社会化倾向，涉及公共利益和政治因素，涉及国家利益、集体利益和个人利益的平衡兼顾，从而易导致法官判断上的困难；当事人不平等的诉讼地位易导致诉讼关系失衡；从原告和被告相互之间的关系上看，原告若想获得认可请求的判决，将会在主张和举证上遇到巨大的困难；法官往往缺乏明确的法律规定指引，纠纷的解决需要行使释明权。这些表明环境司法专门化需要的是建立系统的环境审判制度，而非传统审判制度的简单增减。这些制度应当体现在：(1)放宽诉讼资格。除环境保护社会组织外，还应承认公民基于公益提出的环境诉讼，承认国家机关等公益代表提起的环境诉讼。(2)改革管辖制度。所有的环境案件都纳入环境审判机构的管辖范围，不再区分民事案件和行政案件，环境公益诉讼成为环境审判的重要类型，确定跨流域和行政区域案件的管辖权。(3)创新审理制度。程序机制一体化，实现裁判程序与非诉程序的协调与沟通；实现司法审查转型，实行司法能动主义，发挥政策形成功能；改革证据制度，形成符合环境纠纷解决需要的专家证人、调查取证、质证和认证的规则体系。(4)创新裁决机制，实现环境诉讼的预防、补偿与惩罚功能。

第五，配置专业的环境审理人员。环境司法归根结底是由司法人员来实施的，司法人员的环境价值观、专业素质在很大程度上决定了环境司法的成败。环境案件的审理，要求司法人员以“可持续发展观”为指导，考虑环境生态价值和经济价值的平衡，考虑环境公共利益和私人利益的兼顾，这无疑要求法官更新传统的审判价值观。另外，环境所具有的“整体性”“共有性”特征以及环境问题的复杂性决定了环境案件的判断处理除需法律知识外，还需要相关的环境科学知识，这使环境案件呈现出专业性特点。这要求审理环境案件的法官应当具备必要的专业或专门性知识。

二、环境审判机制创新的切入路径

可以看出，环境审判专门化包含诸方面的内容，是一个系统工程，绝不可能一蹴而就。实现环境审判专门化，可以从诸内容的任何一个方面着手，但其效率、效果可能迥然不同。从环境司法的运作原理和国内外的实践来看，环境审判机构的专门化应当是一个不错的切入口。

审判机构专门化是指国家设立专门的审判机构对某类纠纷或事务进行专项审理。审判机构专门化是司法专门化的基本内容，国外的知识产权法院、劳动法院、水法庭、大气污染公害法庭等就是审判机构专门化的体现。专门审判机构的意义就在于：通过使具有专门性知识或受过专门法训练的人出任法官来保证判决的一致性；通过程序的改革提供不同的判决形式，避免一些在普通法院看来难以避免的费用和耽搁；通过专业化提高政策性案件或专业性案件的效率。而且，专门审判机构的存在，对由于传统法的原因，普通法院难以进行的改革，提供了一个较好的试验场。可以说，建立专门审判机构既是出于保护特殊价值的需要，也是对现有审判机构不足的反应。

环境审判机构专门化是指国家设立专门的环境审判机构，对环境纠纷及环境保护事务进行专项审理。环境审判机构专门化不是环境审判专门化的唯一内容,但是其重要的突破口。也就是说,通过专门的环境审判机构这个平台,将环境审判专门化的内容进行载入和整合,克服以往改革措施不配套、不协调,受制于传统审判平台的缺陷,从而推动环境审判机制的创新,推动环境诉讼机制的完善和发展。所以说,建立专门的环境审判机构,不仅对于把传统审判组织从审理环境案件的困境中解脱出来,而且对于提高环境纠纷解决的公正度和效率,对于提高公众的环境意识具有重要意义,更重要的是对于环境司法专业化所需要的观念更新、程序创新、制度整合和人员专业素质提高都极具意义。

传统审判组织是在"非持续发展观"的理念下建立的,注重的是当代人的利益,认为人类对自然环境的支配和利用在原则上是自由的,自然环境及其要素只不过是人类财产权的对象,忽视对环境本身生态价值的认可,也缺乏对环境保护与经济发展的相互协调。随着环境保护理念的推行,传统审判组织也有可能接受新的发展观。但由于其受传统审判目标和任务的限制,新旧价值观存在一个博弈的过程,新的价值观的接受需要在长期的社会发展和审判实践中才能形成。而专门的环境审判机构由于其目标明确,就是要保护人类赖以生存的环境,审理的案件对象专一,就是环境案件,这导致其要么在设立之初就是"可持续发展观"的要求或反映,要么在其运行实践中很自然接受和贯彻新的价值观。在"可持续发展观"的指导下进行的专门审判实践,同时又会影响其他审判组织对环境的看法,改变他们的环境观,从而推动整个司法在环境保护领域前进。

专门的审判机构是公民的非传统权益利用诉讼获得"正当程序"保护的最佳途径。环境法是以促进人与自然和谐相处,促进环境保护、经济和社会发展相协调的新型法部门,其所保护的环境利益已经深入公民心灵和社会之中。因此,环境利益必须有程序保障,而且对环境利益的救济并不以环境权的确定化为前提,或者说,环境权的救济先于环境权本身,没有救济就没有环境权。基于环境利益的扩散性和社会性,程序保障需要考虑鼓励每一个环境利益可能受到损害的人提起诉讼，需要考虑到发挥法院的能动作用。而传统审判机构的设置没有考虑到这种需要，其理念和规则都影响到鼓励公民利用司法途径来推动环境保护的制度设计愿望，影响到环境保护领域公民诉权的实现。因此，设置专门的审判机构，为保障公众环境权益实现的程序和规则创新提供了载体可能。

我国法院内的审判组织大体分为民事审判庭、行政审判庭和刑事审判庭，它们分别受理民事案件、行政案件和刑事案件，分别解决的是私权利的实现、行政行为的合法性和国家刑事追诉，依据《民事诉讼法》《行政诉讼法》和《刑事诉讼法》进行审理，相互之间不得越雷池一步。而环境案件的处理往往涉及对公益和私益进行综合衡量，对行政行为和民事权利进行综合审查。现有审判庭无法既对行政行为进行司法审查，又对当事人之间的私权利争议进行解决，无法既对私权利的存在与否表达意见，又对公共利益提供保障。而且，基于传统实体法的成熟性和坚持大陆法系的传统的现状，现有审判组织无法对环境诉讼所需要的政策形成机能提供支撑。所以，设置专门的环境审判机构，为集中的、综合的审理程序的运用提供了可能。

环境司法专门化是一个系统工程，它涉及受理、管辖、审理、判决甚至执行环节诸种制度的改革和配合。这些制度改革如果单一地镶入传统司法程序或由传统的审理机构来运行，往往会造成低效率或运行不畅的后果，如在因环境污染引发的环境诉讼领域，我国相关法律确立了“举证责任倒置”和“因果关系推定”规则。但在现行的审判实践中，对于举证责任的负担和标准，对于进行因果关系推定的条件和方法则分歧严重，造成一些环境污染案件久拖不决。还如在环境诉讼领域，面临着如何处理环境纠纷中的科学技术因素，如何判断“科学不确定性”的证据，如何采取预防性措施，如何看待科技人员在纠纷解决过程中的作用等问题。这些专业性问题的解决需要专业性的制度，传统审判机构是难以把握这些制度的。所以，我国台湾学者认为，“在环保纠纷层出不穷的今天，解决模式虽有多种,但是重要的是‘制度的建立’,环保法庭的建立有其必要性。如果当事人不愿或者无法以仲裁等方式解决其彼此之间的纠纷,而势必以向法院提起诉讼的方式来解决,则环保专业法庭有必要及早设立,以专业性的制度解决专门性的纠纷,才是真正的、有效的因应之道”。通过专门的环境审判机构来实施这些制度,可以避免新旧制度不协调的尴尬,减少中间环节,提高边际成本效应。

环境司法现代化需要高素质的环境法官,需要吸收受过环境科学或环境法系统训练的人员和专业性人员的参与。这一方面需要加大环境法领域的理论研究和人才培训工作,提高环境司法者的专业素养。另一方面是通过专业化的审判实践,培养法官们形成环境法的逻辑思维和解决环境纠纷的能力。但无论是哪一方面,都需要专门审判机构这个平台予以推动和实现。而专业性人员参与到环境案件的审判实践中来,就更需要审判机构的推动和固化,这一点无疑专门环境审判机构能做到最好。

由于人们环境意识的提高以及传统发展思路在地方占据主流,我国环境纠纷呈愈演愈烈趋势。环境纠纷的大量存在及其中所蕴含的利益冲突复杂性,环境损害的难以恢复性等都给传统司法带来巨大的压力,从而使各界发出了环境司法专门化的呼声。但环境司法专门化不仅是量变的过程,更需要的是一个质变过程。所谓量变,就是设立专门的审判组织,专事审理有关环境保护案件。所谓质变,是确立有利于环境保护的理念,针对环境纠纷的特点确立专门性的诉讼机制,实现环境司法独立,提高环境司法权威。仅仅量变是没有多大意义的,甚至还会带来机构臃肿和成本高昂的负面效果。环境司法专门化寻求的是从量变到质变的结果。如何实现这种质变,有很多考量,但从审判机构入手来进行审判职权、审判规则和审判程序的创新从而达到环境保护的目的,无论是在改革成本上还是改革效果上,都会是很好的选择,这也是为什么国外的环境司法改革大都从设置专门性的审判机构开始的原因。

第二章　环境审判机构专门化的域外考察

自20世纪70年代开始，国外环境司法出现一个新趋势，即环境审判机构专门化，很多国家将环境案件交与专门的环境审判机构来审理。根据美国丹佛大学法学院乔治·普林教授的调查，到目前为止，全球约40个国家设有环境法院或环境法庭，约有270个环境法院或环境法庭（ECT）。其中，设立专门环境法院的有美国、澳大利亚、新西兰等；设立生态法院的有俄罗斯等；设立专门环境法庭的有泰国、南非、菲律宾等；还有一些国家只设环保合议庭或环境法官，如比利时等。[①] 环境审判机构专门化甚至发展到了国际环境保护层面。如1996年10月成立的国际海洋法法庭作为《联合国海洋法公约》创立的一个国际常设司法机构，专门设立了海洋环境争端分庭，对海洋环境保护和保全发挥着重要作用。2004年9月在巴西里约热内卢召开的第四届美洲绿色会议探讨了关于建立国际环境法庭的建议，寻求通过设立国际环境法庭来实现经济发展与环境保护平衡的可能性。国际环境法庭的支持者认为，环境司法无国界，只有建立类似国际环境法院的有效裁判机制，才能有效处理因地球资源环境恶化带来的全球性问题和争端，比如温室效应、不负责任的基因移植、大

---

① ［美］乔治·普林：《关于专业化环保法院和环保法庭的全球研究》，世界自然保护同盟环境法学院第七次全球学术年会（武汉）论文集，武汉，2009年11月，第140页。

洋和大气污染等问题,维护人们的基本环境权利。[①] 虽然很多国家都有环境审判机构专门化的实践,但各国环境审判机构的形态和运作是不同的,对它们进行考察有益于我们把握环境司法机构专门化的实质和趋势。

第一节 环境审判机构专门化的发达国家考察

面临日益增多及复杂的环境纠纷,发达国家首先在环境司法领域进行创新,进行了环境审判机构专门化的实践。1980 年,澳大利亚设立了世界第一家环境法院——新南威尔士州土地与环境法院。其他发达国家也开始了形式各样的环境审判机构专门化的实践。如在日本,针对严重的大气污染,全国设立了 7 所大气污染公害法庭。[②] 在法国,设置了专门进行环境管理的司法部门。它们被赋予较大的裁量权,对案件的处理有较长的上诉时效。[③] 在这些国家中,澳大利亚、瑞典、新西兰、美国的专门环境审判机构运作较为完整,也具有较强的代表性。

一、澳大利亚新南威尔士州土地与环境法院考察

为了从司法方面加强环境法的实施,及时处理日益增多的环境纠纷,澳大利亚的一些州成立专门的环境法院,其中以新南威尔士州的环境与土地法院最为典型。新南威尔士州是澳大利亚人口最多,经济最为发达的州。在 20 世纪 70 年代,随着经济的高速发展,新南威尔士州的环境问题也日益突出。但是,由于当时应对环境问题和土地利用问题的立法有着不同的、相互独立的规定,有关争议由诸多不同的法院和行政法庭进行

---

① [美]肯尼士·F. 麦克卡林、H. 瑞加·莎玛:《环境司法无国界》,载《研究生法学》2001 年第 1 期。

② 参见[日]村松昭夫:《日本公害审判制度的改进与律师的作用》,载王灿发主编:《环境纠纷处理的理论与实践》,中国政法大学出版社 2002 年版,第 204 页。

③ 参见肖剑鸣:《比较环境法》,中国检察出版社 2001 年版,第 364 页。

管辖。这些审判机构之间的管辖权在很多领域发生重叠和交叉，造成了实践中的混乱和低效，影响到环境保护和土地利用目标的实现。这导致出现对此进行改革的强烈呼声，于是新南威尔士州进行了环境司法体制改革，其核心成果就是创立土地与环境法院(Land and Environment Court)。

环境与土地法院有着专门的法律依据，即《1979 年土地与环境法院法》。该法共有 5 章 79 条，对土地与环境法院的地位、作用、组成、受案范围、审理程序等作了规定。

(一)地位和作用

土地与环境法院是与新南威尔士州最高法院等同地位的专门性法院，其上诉法院为州最高上诉法院。它是专门处理新南威尔士州有关环境、土地开发、建筑物及城市规划方面的案件的法院。也就是说，该法院的管辖权是排他性的，除了州最高上诉法院外，该法院是州内涉及环境和规划法项下各事务的唯一管辖法院。设立土地与环境法院的主要目标是使土地与环境案件的审理合理化和专业化，为土地和环境案件提供"一站式"处理。

(二)组成

土地与环境法院由首席法官、法官、专业委员和其他辅助人员组成。其中，首席法官 1 名，其他法官 6 名，专业委员 9 名。法官的产生和任期与其他法院的法官一样。专业委员的任期为 7 年，要求为环境保护相关领域的专家，并在地方管理或城镇计划、环境科学、环境保护或环境评估、土地评估、建筑、工程、测量或建筑物构建、自然资源管理等领域具有令司法部长满意的特殊知识、经验或适当的资格。法官可以审理所有的案件，但专业委员只能对行政决定进行价值性审查(是否合理)。在某些涉及澳大利亚原住民及其土地权利请求的案件中，法院还会聘请一些对此有专门经验的专家组成专家委员会参与审理。专业委员及专家委员会有效弥补了法官在环境保护、土地利用和城乡规划等方面专业知识和经验缺乏的不足，较好地解决了环境诉讼中科学技术性与法律适用的结合问题，为案件的合理高效解决提供了人员基础。

（三）管辖与受案范围

土地与环境法院根据超过20部不同的环境法律对已经形成的环境纠纷具有排他管辖权，其管辖权非常广泛，涵盖了民事、行政和刑事三大领域，包括对环境保护及规划、行政命令的司法审查、民事履行、民事索赔、刑事诉讼和上诉等。《土地与环境法院法》赋予土地与环境法院的管辖权主要有7类：（1）关于环境规划的上诉；（2）关于地方政府环境与土地方面的上诉；（3）涉及强制征用土地的评估及补偿；（4）涉及环境规划和保护的民事履行、对行政决定的司法审查；（5）环境规划与保护方面的刑事强制；（6）关于环境犯罪的刑事上诉；（7）由包括原告、检察长或其他对公诉负责的人员提起的对地方法官的定罪、颁布的命令及作出的判决的上诉。其中，前3类案件主要涉及行政诉讼，第4类案件既涉及民事诉讼，又涉及行政诉讼，是一种综合审查，第5、6、7类案件属于刑事案件。1991年《石油法》和1992年《矿业法》则赋予土地与环境法院采矿纠纷管辖权。1979年《环境规划与评估法案》规定：任何人得向法院请求签发命令对违反本法案的行为予以救济或禁止，而无论其权利是否会受该行为影响。1997年《环境保护执行法案》规定：如违反或可能违反任何法案或条例的行为造成或可能造成的环境的损害，则任何人得向土地与环境法院提起诉讼，请求签发命令禁止该行为。其他法案也有类似的规定。这表明土地与环境法院在涉及环境违法行为的诉讼中，突破了普通法要求原告具有“特殊利益”的做法，采用开放式的起诉资格制度，承认公益诉讼。

近年来，土地与环境法院年均处理案件1600余件，有关土地与环境的违法刑事案件数量只占全部案件数量的1/5，大部分案件都是民事案件。①

---

① 罗吉：《澳大利亚新南威尔士州土地与环境法院的发展与启示》，载首届环境司法论坛论文集，昆明，2011年6月，第92页。

（四）案件审理

在《土地与环境法院法》所规定的前三类案件的审理和裁决中，法院可以行使最初决策者的所有功能和决定权，法院可以代替地方政府或其他决策机构行使行政权。法院可以听取任何专家的意见，提交有关证据，即使该证据并不在最初决策者的考虑范围。此类案件需要遵循一定的形式和技术性细节，以确保裁决前相关事项得到充分考虑和调查，同时，尽管仍需遵循程序公平的原则，但传统的举证责任原则不再适用。此类案件一般由专业委员予以裁决，只有在涉及复杂案件时，法官才进行裁判，例如，有关原住民土地权利争议的案件审理中，往往由 1 名法官和 2 名原住民专家参与审理。第 4 类案件涉及民事执行问题，法院有权确认权利，并签发强制执行有关规划与环境方面的命令，法院有权对新南威尔士州各级政府及公共机构所作的决策进行司法审查，审查范围包括行政决策的合法性、合理性和程序适当性。法院的这一特性有效解决了涉及民事和行政诉讼的环境诉讼在传统三大诉讼分立状态下可能遇到的难题，有利于案件审理结果的一致性，也有效节约了司法成本，提高了司法效率。[①] 第 5、6、7 类案件属于刑事案件，环境法院根据《环境污染控制法案》《环境操作保护法案》《清洁空气法》《清洁水法》《噪音控制法》《废物削减与管理法》等法进行审理和裁判。

土地与环境法院在案件审理过程中，不仅关注公民之间私人权利纠纷，更多的是考察公众与政府间的权利平衡和国家土地与环境保护目标的实现问题。同时在诉讼过程中，土地与环境法院充分利用调解解决争议，以提高效率，方便当事人。《土地和环境法院法案》第 5a 部分授权法院将其认为合适且当事人同意的事项提交调解。登记员及助理登记员都是经过培训的调解员，他们向诉讼当事人提供免费的调解服务。另外，首

---

① 董燕：《从澳大利亚土地环境法院制度看我国环境司法机制的创新》，载《华东政法学院学报》2007 年第 1 期。

席法官会定期公布经该院批准的调解员名录。2002 年,通过庭前调解程序解决的第一类案件为 708 件,通过庭审解决的为 585 件;2003 年,庭前调解解决的第一类案件为 635 件,庭审解决的为 689 件。①

新南威尔士州的土地与环境法院的主要特点在于:一是管辖权的排他性,是该州境内环境案件唯一的管辖法院;二是受理对象的广泛性,涉及环境民事、行政和刑事案件;三是审理的专业性,通过制度建设吸收大量的专业人士参与甚至主持环境案件的解决;四是审理的一体性,对环境案件进行综合审查,并承担了一定的环境管理职能;五是加强调解等 ADR 方式的运用,增加环境纠纷解决的灵活性。该法院的这些特色使其从成立之初到现在,取得了巨大的成功。一方面,法院的地位及权力设置大大提高了社会对于环境问题的关注,推动了环境执法。另一方面,诸如法官与环境专业人士结合等一系列制度的设置大大提高了环境诉讼案件解决的效率和科学性、合理性,使有关环境案件能够得到快速、有效的解决。据统计,95% 的前 3 类案件都能在 6 个月内获得解决,95% 的后 4 类案件都能在 8 个月内获得解决。②

二、瑞典的环境法庭制度考察

瑞典是一个自然环境优美和资源丰富的北欧国家,也是世界上环境保护水平最高的国家之一。瑞典的环境立法比较先进,1998 年颁布的瑞典《环境法典》被公认为世界上第一部环境法典和 20 世纪环境保护史上的一个里程碑。《环境法典》旨在"促进可持续发展,确保当代人与后代人享有一个健康与良好的环境"(第 1 章第 1 条)。为保证这一目标实现,瑞典在司法领域创立了有自己特色的环境法庭制度。

瑞典环境法庭的雏形是水法庭。在瑞典《环境法典》颁布前,鉴于本

---

① 丁晓华:《澳大利亚的土地和环境法院》,载《法治论丛》2005 年第 2 期。

② 董燕:《从澳大利亚土地环境法院制度看我国环境司法机制的创新》,载《华东政法学院学报》2007 年第 1 期。

国河流较多,为有效解决水权纠纷、保护水环境,瑞典设置了水法庭,包括初级水法庭、地区水法庭和高级水法庭。水法庭除解决水权纠纷外,还承担一定的水事许可任务。即与水相关的行为需要得到水法庭的许可,但一定规模的水工程需要瑞典政府批准。不过,瑞典政府批准的水工程仍然要经过水法庭的程序审查,由水工程造成的不利影响的赔偿也由水法庭宣布赔偿方法。《环境法典》颁布实施后,环境法庭已经全面取代了水法庭。这一方面是因为水法庭的管辖范围过于单一,且在裁决过程中过多考虑经济利益,不利于对环境的整体保护;另一方面,也因为规定水法庭的《水法》被《环境法典》所吸收,实施《环境法典》需要新的司法机构。但基于水法庭的长期实践积累了相当的环境审判经验,环境法庭基本上是在对水法庭的结构改造和功能升级的基础上形成的。

《环境法典》第四编的第 20 章、第 21 章、第 22 章、第 23 章、第 24 章、第 25 章对环境法庭的设置、管辖范围、诉讼程序、诉讼费用等作了明确的规定。除此之外,环境法庭还受《法院诉讼法》《司法程序法典》《行政法院程序法》等程序法一般性规定的约束。

（一）法庭地位

瑞典的普通法院分为三级:地区法院(基层法院)、上诉法院和最高法院。整个环境法庭系统也被纳入普通法院体系,实行三级审判制,由地区环境法庭、环境上诉法庭和环境终审法庭组成。目前瑞典在默奥、纳卡、维克舍、维纳斯堡和厄斯特松德 5 个地区法院设立了环境法庭,在斯维亚上诉法院设立了环境上诉法庭(环境高等法庭),在瑞典最高法院设立了环境终审法庭。由于最高法院只受理有特殊理由的上诉案件,从实践的情况来看,大多数案件在环境上诉法庭即审理终结。

（二）法庭组成

地区环境法庭的组成包括一名主席,由具备法律资格、经验丰富的地区法官担任,一名环境顾问或两名专家成员。环境顾问必须受过环境科技培训并有环境事务的处理经验,两名专家中的一位必须熟悉国家环保局运作，另一位则熟悉与本案有关的工业和市政运作。环境法庭的主席、环境顾问、专家成员是由政府或政府授权的机构来任命的。案件的审理结果是先由主席给出意见，然后依次是环境顾问和专家成员给出意见，主席具有决定权。高等环境法庭的环境顾问可以由高等环境法庭任命，也可以由政府来任命。高等环境法庭组成人员为 4 人，其中至少 3 人符合法定资格，才可以审理案件。

（三）管辖与受案范围

环境案件由环境法庭专属管辖。环境法庭受理与环境、资源有关的案件，但环境犯罪类案件由普通法院的刑事部门审理。环境法庭受理的案件依其启动方式不同又可分为“依申请”的案件和“依传唤”的案件，前者主要是环境许可案件，包括水上作业、水工程、采矿许可等与许可证的发放、执法监督和撤销等有关的案件，后者主要是与环境损害相关的包括损害赔偿在内的案件。

环境法庭也受理公益类案件。根据《环境法典》的规定，任何对有害环境之活动提出诉讼请求的人，有权向该活动已发生或即将发生地的财产法院提起诉讼。这一规定明确了公民个人享有对从事有害环境活动提起诉讼请求的权利。这实际上是放宽了环境诉讼的起诉资格，允许公众及有关社团组织提起环境公益诉讼。《环境法典》《司法程序法典》还放宽了环境上诉权，即任何个人、环保组织、工会、行政机关、地方自治组织以及其他组织都有权对法院的涉及公共利益的环境裁判与决定提出上诉。其中，环保组织必须是成立满 3 年会员不少于 2000 人的才有资格。但环保组织不能对瑞典国家军队、国家防御管理局、国防物资管理局、国家国防无线广播中心有关的法院裁判与决定提起上诉。①

（四）案件审理

环境法庭受理案件后，须在当地报纸公布，召开听证会并在听证之后

---

① 参见陈真亮、赵苹苹：《瑞典环境法典制度的发展及其对中国的启示》，首届环境司法论坛论文集（2011 年 6 月），第 89 页。

的3个月内作出判决。对于依申请的案件,环境法庭通过审查某个许可发放是否符合可持续管理来决定是否发放、是否有效。瑞典政府按对环境影响活动的大小,把需要申请环境许可的活动分为A、B、C三类,其中A类活动须向环境法庭申请许可证,B类活动须向郡行政委员会申请许可证,C类活动向市政管理委员会提交报告即可无须申请许可证。但无论是B类还是C类引发的许可效力争议,环境法庭仍有权处理。对于任何人就禁止危害环境的活动或就责令正在从事或试图从事这种活动的人采取预防措施向环境法庭提起的诉讼,在环境法庭结案之前,如果依据《环境法典》的规定,这种活动的许可问题正在或将要被审查,法院应决定暂缓程序,直到许可问题解决为止。虽然案件已被提交法院,如被告已经依法律的规定申请并得到许可证,则该诉讼案件应被撤销。法院应视情节判定双方各自应承担的诉讼费用或判一方承担全部或部分赔偿费。但环保组织可以不用支付依申请案件的诉讼费。对于上诉类案件,环境法庭主要适用《行政法院程序法》《司法程序法典》等法律规定的程序审理,上诉案件可以撤回。

从瑞典环境法庭产生的情况来看,其直接原因是加强环境执法,统一环境司法。瑞典专门环境法庭的设立和运行,使瑞典的环境司法很有特色。其主要特点是整合环境行政执法资源,将大部分因环境保护部门执法和颁布许可证等引起的纠纷统一交由环境法庭审理;专业性特别强的环境审判业务由精通环境法的法官进行审理,最大限度地保障环境司法的公正和判决的正确;规定一个保证公众监督和参与环境法实施的公益诉讼制度。在瑞典的环境保护事业中,环境法庭制度发挥了重要作用。

三、新西兰的环境法院考察

新西兰在实施社会经济与环境可持续发展方面走在世界前列。环境法院是其可持续发展管理机制的重要组成部分。新西兰环境法院的法律基石是1991年颁布的《资源管理法》。该法是在废除了78部环境资源相关的法律和法规，并对许多法律法规进行修正的基础上颁布的，其目的是使《资源管理法》成为一部将自然资源与环境管理融为一体的综合性法律。在这部法律中，环境司法机构仍然沿用了原来的规划裁判所名称，但在结构组成、职权、程序等方面作出了不同的规定。1996 年《资源管理法》进行修正，正式将规划裁判所改为环境法院。在随后 2003 年、2004 年、2005 年、2009 年的该法修订中，对环境法院的运行又进行了细微调整。根据该法的规定，新西兰环境法院有权审理民事和刑事案件，但又不受普通法院的程序和证据规则的约束，而是按法院自己确立的程序和证据规则运作。新西兰环境法院是新西兰可持续发展裁决机制的核心。

（一）法院地位

《资源管理法》第 14 条规定，在行使民事管辖权时，环境法院具有与地区法院相同的权力。《资源管理法》第 299 条规定，可以将环境法院的裁决上诉至高等法院。因此，新西兰环境法院是一个地位相当于地区法院的专门负责环境问题的法院。值得注意的是，新西兰环境法院不仅仅是纠纷解决机构，还是重要的环境管理部门，它有权决定《资源管理法》所授权的环境保护问题。

（二）法院组成

按照《资源管理法》的规定，环境法院由环境法官、候补环境法官、环境专员、副环境专员组成。环境法官必须是地区法院的法官或具有担任地区法院法官的资格，候补环境法官必须是地区法院的法官或者是毛利人土地法院的法官。环境专员和副环境专员的任职资格要求候选人必须具有与环境争议相关领域的专业知识和经历，具体包括经济、商业、地方事务、规划、资源管理、遗产保护、环境科学、建筑、工程、测量、矿产技术等。环境法官、候补环境法官、环境专员和环境副专员由总督根据司法部长的推荐，并与环境部长和毛利人事务部长咨商后任命。环境专员和副环境专员的任期是 5 年。环境法院设 1 名首席环境法官，主要负责环境法院的秩序、人员调度、紧急事务和特别问题的处理。首席环境法官由总督根据司法部长的推荐而任命。环境法院开庭的最低法定人数是 1 个环境法官和 1 个环境专员，但是《资源管理法》第 265 条规定了两种例外情形：第一，申请一项声明或执行令的案件可以由 1 名环境法官组成独任庭；第二，根据首席环境法官的指示，1 名环境专员也可组成独任庭，但环境专员没有审理和作出裁定的诉讼权。在环境法院的实践中，通常由一名环境法官和两名环境专员组成合议庭。[①]

（三）管辖和受案范围

新西兰环境法院的管辖范围相当广泛，涉及环境保护规划决策、资源管理、纠纷处理等领域，具体包括以下几个方面：[②]

（1）对相关管理机构的决定不满提起的诉讼。这些决定包括，资源许可、排污许可、削减令、文物保护令、水资源保护令、区域政策声明、区域规划以及地区规划。区域政策声明主要涉及重大区域性资源管理问题，以及提供可以达到综合管理区域内自然资源和物质资源的政策和鉴定方法。区域规划涉及本区域的土壤保护、水量水质、水生生态系统、生物多样性、自然灾害、有害物质、污染物排放、配置自然资源的控制目标，实现目标的政策，实施政策的规则。地区规划涉及本地区土地利用效果、土地利用对自然灾害和有害物管理的影响、噪声、河面湖面的活动、土地利用对本土生物多样性的影响等方面的控制目标，实现目标的政策，实施政策的规则。

（2）为解决环境问题发出执行令。执行令就是由环境法院发出的强制相关主体遵守资源管理法的规定，区域、地区规划中的规则或资源许可的条件的命令。

（3）为说明资源管理法的适用和解释而作出声明的申请。申请声明

---

① 沈跃东：《可持续发展裁决机制的一体化——以新西兰环境法院为考察对象》，载《西北农林科技大学学报》（社会科学版）2008 年第 3 期。

② Environment court. http://www. Rmagudie. Org. nz/rma/statbodies/envcout. cfm. 2010 – 6 – 25，最后访问日期：2016 年 10 月 10 日。

的理由包括:为了确定资源管理法中的权利、义务是否存在或程度大小,为了确定区域政策声明、区域规划或地区规划是否落实国家政策声明的规定,为了确定政策声明、规划、计划之间、资源保护令之间是否存在不一致,为了确定一个行为是否违反资源管理法、规划、遗产令或资源许可,为了确定一项活动是否是被许可的、受控制的裁量性的活动,其他与解释、管理和执行资源管理法相关的问题。

(4)环境保护方面的民事争议。

(四)案件审理

新西兰环境法院案件审理的主要特点是,诉讼解决程序与非诉解决程序的一体化、司法判断与环境管理决策的一体化。其特色制度包括案件管理制度、诉讼资格制度、全面的重新审查制度、专家证人会议制度、调解制度和诉讼费用制度。[①]

(1)案件管理制度。根据《2006 环境法院实务一体化指导意见》第 2 节的规定,案件管理是环境法院庭审工作的基础。它包括案件归类、审前会议、证人传唤、证据开示、裁决引述等。案件分类是案件管理程序的基础,通常将案件分为标准、复杂、当事人控制三种类型。某一案件被归为某一类型并不是固定不变的。不管当事人是否申请,根据法院的指令,案件随时可从一种类型变为另一类型。标准类型主要包括资源许可上诉、部分规划上诉、非紧急执行和其他混合型的诉讼。这一类型的案件管理的特色在于:在较早的阶段由当事人识别争议的问题,并寻求通过谈判或非诉纠纷解决技术迅速解决问题;为当事人规划诉讼过程提供机会;避免正式的对话和不必要的法院会议;尽可能从实际出发确定诉讼审理的日期。复杂类型的案件主要包括所有由部长提交的环境问题、大部分的规划上诉、紧急执行和部分资源许可诉讼。这一类型的案件管理的主要特

① 参见沈跃东:《可持续发展裁决机制的一体化——以新西兰环境法院为考察对象》,载《西北农林科技大学学报》(社会科学版)2008 年第 3 期。

色在于:指令界定和缩小问题的范围;确定程序性和管辖性争议,特别是对诉讼过程或范围产生实质性影响的问题;定期监督案件处理的进展。当事人控制类型的案件是指当事人并不追求环境法院进行审理而是寻求一个谈判或调解的机会或由地方当局促进规划的改变,但法院也可以应当事人的书面申请或法官的指令通过司法会议解决争议。

(2)诉讼资格制度。在环境法院管辖的案件里,诉讼资格要求比较宽泛。根据《资源管理法》第311条和第316条的规定,在申请执行令和声明的案件中,对申请人没有任何资格的限制。而在对相关管理机构的决定不满提起的诉讼案件中,对起诉人则有资格要求,即向相关机构提交建议或资源许可申请的人可向环境法院提起诉讼。此外,按照《资源管理法》第274条和1996年《资源管理修正法》第13条的规定,部长、地方当局、诉讼双方当事人、代表公共利益相关方面的人可以参与诉讼,并且可以要求相关方面提交与诉讼裁决应该考量的问题有关的证据。

(3)全面的重新审查制度。环境法院在审理政策声明、规划或资源许可案件时实行全面的重新审查制度,即既审查行政机关决定中的事实问题和法律问题,也可以接受它认为是合适的证据。环境法院认为必要时,还可以传唤证人作证。根据《资源管理法》第294条的规定,在作出裁决后,如果获得了新的重要证据或出现了情势变化,足以影响到原来的裁决,环境法院将重新审理并作出裁决,而不能将案件发回原行政机关。在这种情况下,环境法院是在用自己的判断取代有关行政机关的判断。根据《资源管理法》第299条的规定,可将环境法院的裁决上诉至高等法院,但是,这一上诉仅仅限于法律问题,环境法院是事实问题的最终决定者。所以,环境法院一定程度上也是环境资源管理领域的重要决策者。

(4)专家证人会议制度。专家证人会议制度是裁判程序中的一个重要制度。专家证人会议是一个对话程序。法院认可的相关领域或具有相关资质的专家,就相关专业问题进行对话,以对某些争议问题达成共识,或在不能达成共识的情况下,弄清分歧及其原因所在。专家证人在诉讼程序中的角色是就其专业领域内的相关问题向法院提供中立的帮助，而不是帮助当事人如何作证。专家证人会议制度的作用就在于弥补环境法院在专业知识方面的不足。根据规定，法院可以主动或应当事人的申请，指令专家证人就专业领域问题举行会议，专家证人在其专业领域做出独立判断。专家证人会议的最终结果是签署一份联合证据声明，陈述达成协议的问题和未达成协议的问题及其原因。除了已经达成共识的原始数据以及联合声明，专家证人会议上其他任何言论或材料不能作为证据使用。

(5)调解制度。环境法院在案件处理过程中，随时都可以运用非诉纠纷解决的方式，在非诉纠纷解决过程中，当事人可以要求开始或继续进行诉讼程序。非诉解决方式运用最广泛的是调解。调解程序的启动，需要当事人双方达成协议。在与首席环境法官商议之后，法官或书记员可以任命一名环境专员担任调解员。当然，也可任命一名非法院组成人员担任调解员。调解在调解员的指导下进行，并没有正式的程序或证据规则。当事人可以随时退出调解程序。调解员如果认为调解不再适当，也可终止调解程序。在环境法院进行的调解，其范围并不受该法院管辖范围的限制。对于在法院管辖范围内的问题如果达成协议，当事人可以申请将其转交给法官作出许可令；对于超出法院管辖范围的问题，当事人可以签署单独的协议。没有当事人的书面同意，对于为调解准备的文件、调解过程中一方做出的承诺、一方提出的有关可能解决争议的建议或观点、调解员提出的建议或观点、是否有表示考虑解决问题建议意愿的事实，在任何诉讼程序中都不能作为证据。调解在环境法院的案件处理中取得很大成效，自 2006 ~ 2009 年，每年进行调解的案件都超过了 400 件，调解成功率分别是 63%、64%、63%、60%，未达成调解协议的案件数量逐年下降。①

---

① Report of the Registrar of the Environment Court (2010): http://www. Justice. Govt. nz/courts/environment - court/ documents/EC_Registrar_Report_2010. pdf，最后访问日期：2015 年 8 月 9 日。

（6）诉讼费用制度。环境法院的诉讼费用制度与其他法院的诉讼费用制度没有多大差别。但在涉及公共利益的案件中，代表公共利益的一方一般不向对方支付费用，即使支付也很低。

可以看出，新西兰环境法院核心的特点就是一体化。这种一体化体现在法官与专业人员的结合，司法判断与环境管理的结合，诉讼程序与非诉讼程序的结合，公共利益和私人利益考察的结合。这种融环境管理、规划决策、纠纷处理为一体的环境司法制度充分考虑到了实现可持续发展所牵涉领域的广泛性和复杂性，最大限度地减少中间环节，减少当事人的维权负担，缓解国家利益、部门利益、地方利益与个人利益之间的紧张关系，提高管理效率。

四、美国佛蒙特州环境法院考察

美国佛蒙特州生态资源丰富、风景优美，是美国环境质量最好的州之一。这与该州具有较多的环境资源立法、公众具有较强的环境保护意识是密切关联的。在20世纪80年代，人们又认识到，由于该州的环境资源立法有着不同的执行程序和处罚、救济机制，导致环境违法的处罚结果不一致，环境执法的效果不一致，影响社会公平和环境公正。因此，佛蒙特州开始考虑统一环境执法和加强环境纠纷解决的新途径。1989年，佛蒙特州议会通过了《统一环境执行法》，在司法领域设立了一个专门机构即环境法院来实现这一目的。该环境法院在1990年成立，是美国最早的专门环境法院。

（一）法院地位

环境法院作为一个新的司法机构仍然设立在佛蒙特州司法系统内，但在性质上属于专门法院，与州的初审法院平级。由于佛蒙特州没有上诉法院，环境法院的上诉案件由州最高法院受理。

（二）法院组成

环境法院的人员组成相对简单，1995～2005年，只有一名法官，一名法庭职员,一名文件管理职员。随着法院的受案范围扩大,案件增加,法院的办案人员明显不足。于是,2005 年增加了一名法官,法庭职员也增加了很多。环境法院的法官由佛蒙特州最高法院提名及任命,每届任期 6 年。

(三)管辖和受案范围

环境法院受理的案件有三大类:第一类为环境行政机构提起的行政执行案件和其他案件,又称为民事行动(Civil Action)。该法院在成立之初,其受理的案件主要是由自然资源局基于佛蒙特州《统一环境执行法》提起的环境执行案件。如执行州自然保护局秘书的最终行政命令,市政部门的固体废物最终命令,此外,还包括州环境保护机构要求违法者承担民事责任的诉讼。第二类为要求对环境执行命令进行审查的诉讼(Review of Environmen-tal Enforcement Orders)。主要是针对州自然保护局根据《统一环境执行法》发布的行政命令而提起的司法审查诉讼。第三类为对环境行政行为和决定进行"上诉"的诉讼(Appeals)。这里所说的"上诉"是指当事人对于行政决定不服而向法院提起的诉讼,在法院审判层级上仍然属于一审。1995 年,环境法院的受案范围扩大到对大部分市政土地利用决定,自然保护局秘书、委员或者有关部门作出的行政执法以外的行政决定和行动,市政选址规划决定以及农业和林业部门就大型农业活动及伐木活动作出的决定而提起的上诉案件。2004 年,佛蒙特州《许可改革法案》将环境法院的受案范围再次扩大到针对自然资源局所发放的许可(包括暴雨雨水和水排放、湿地、固体及危险废物和空气污染许可等)而提起的诉讼案件和 250 号法案的起诉案件。[①] 环境法院也受理针对环境许可证的公民诉讼,如果公民或者公民组织认为政府发放的许可证或者许可证持有者违反许可证损害公众利益时,他们可以向环境法院提起公民诉讼,但为了获得起诉资格,他们需要证明与案件有利害

① 李挚萍:《美国佛蒙特州环境法院的发展及对中国的启示》,载《中国政法大学学报》2010 年第 1 期。

关系，如公民个人或者公民组织中的成员的生活可能会受到被告行为的影响。随着环境法院受案范围的增加，案件数量也逐年增加。2003 年，案件受理数量为 232 件；2004 年，案件受理数量为 238 件；2005 年，案件受理数量为 270 件；2006 年，案件受理数量为 301 件。①

可以看出，环境法院受理的案件主要是涉及有关行政执法、行政命令、行政许可和行政决定等的环境行政案件，基本上不涉及环境侵权和环境犯罪案件，后两类案件仍然由传统法院（州初审法院）受理。

（四）案件审理

环境法院有着自己的程序规则——《佛蒙特环境法院程序规则》（VRECP）。该规则针对环境案件的特点作出了特殊的程序规定，同时也明确在没有特殊规定的场合下，佛蒙特州《民事诉讼程序规则》和《证据规则》也可适用于环境案件的审理。

环境法院受理后的案件分为“从头开始”（de novo）的案件和“以记录为基础”（on the record）的案件。“从头开始”，是指起诉之前行政机构的文件记录不作为案件审理的证据，法院需要从头开始查证案件事实，所有的证据都作为新证据在法庭上呈现和审查，其效力由法庭决定，就如同之前并不存在相关的行政行为和决定一样。“以记录为基础”，是指法院接受起诉之前行政机构的文件记录为案件审理的证据，行政机构必须按照法律规定的要求提交文件。绝大部分起诉到环境法院的案件都属于“从头开始”的案件。只有对少数几个市郡土地使用小组及森林、公园和休闲委员而提起的诉讼适用后者。环境法院对行政命令和行政决定的审查既包括合法性审查，也包括合理性审查。根据《佛蒙特环境法院程序规则》的规定，环境法院可以维持、推翻、修改或者终止行政机关的命令、许可和决定。②

---

① State of Vermont Office of the Court Administrator, Report to the General Assembly on the Performance of the Environmentla Court. Lee Suskin, Court Administrator, January, 2007, p. 6.

② VRECP. § Rule 4(d)(5), (e)(4); Rule 5(g).

根据《佛蒙特环境法院程序规则》，环境法院建立了案件管理制度。环境案件被受理后，就被案件管理员排号并编入法院的计算机系统，按照设定的时间表开始案件的处理过程。在6个星期之内，法院会安排一系列的审前会议。首次的审前会议由主审法官主持。主审法官在第一会议上通常会与当事人讨论决定案件进行的时间安排，案件可能的判决要点，可能全部或者部分驳回的事宜并提出当事人应遵循的一般程序指引等。为了方便当事人，这个会议可以通过电话进行。接下来的审前会议则可以由案件管理员负责。审前会议的目的在于将审理事项收窄，对所发现的事实进行归类、排序和定量，确定诉前的证据和专家证言是否可用，是否需要进行现场调查，确定是否存在调解的可能性和其他任何有利于案件审理加速和公平进行的事情等。[①] 根据环境法院2007年的一份调查显示，90%的受访者认为审前会议召开比较及时，形式方便，对于他们明白自己需要做些什么很有帮助。[②] 如果有调解的可能性，则开始进入调解程序，如果没有调解的可能性，则开始庭审程序。如当事人认为案件涉及的事实问题不需要经过开庭审理的过程就可以解决，那么案件直接进入判决阶段。某一具体案件的日程命令发布后，各个环节的期限要求被输入计算机的备忘录系统，由一名指定的职员负责跟踪落实。如果期限被错过，指定职员会与不执行的一方当事人联系，如果期限一再错过，不履行期限要求的当事人会受到惩罚，如其诉讼被驳回等。[③]

调解是佛蒙特环境法院解决环境纠纷的重要方式。环境法院设立了由佛蒙特州律师协会和佛蒙特州调解协会的代表组成的顾问委员会，建立了调解员名单库，并公布于法院网站。环境法院对这些调解员还进行必要的培训。一般而言，如果没有充足的理由认为案件不需要调解，主审

① VRECP. § Rule 2(d).

② Report to the General Assembly on the Performance of the Environmental Court(2007).

③ 李挚萍：《美国佛蒙特州环境法院的发展及对中国的启示》，载《中国政法大学学报》2010年第1期。

法官都会对案件下达调解令,要求案件必须经过调解程序。调解程序开始之前,当事人在调解员名单库中挑选调解员,不过他们也可以在名单之外挑选。调解员确定后,开始调解程序,调解一般经历 4 周时间。在调解程序中,法院的案件管理员负责向当事人提供选择调解员的顺序安排、案件备忘录等,但不参与具体的调解过程,调解过程如何进行由当事人和调解员决定。整个调解过程都是保密的,无论是否达成协议,当事人只需要将调解结果告诉法院。如果当事人通过调解达成协议,协议的内容在当事人同意的情况下,可以呈交给法院从而转化为法院裁决内容,当事人也可以通过不公开协议结束诉讼。运用调解机制解决了法院超过 20% 以上的案件。调查显示,59% 的受访者认为调解计划是法院的一项有益补充。①

另外,根据佛蒙特州法的规定,除非当事人另有约定外,环境法院的正式审理应该在争议财产所在的城镇进行。环境法院在开庭当天或者前一天可以进行现场访问,现场访问由法院程序规则授权,主要是对当事人提供给法院的证据进行情景复现。

可以看出,佛蒙特州环境法院的主要特点在于:环境法院的主要目的是监督环境管理和加强环境执法,防止公权力的滥用对公众环境利益的损害,因而其管辖权限于环境行政案件;针对环境案件的特殊性,制定了专门的程序规则;重视调解的运用,尽量考虑到当事人诉讼的方便。

第二节 环境审判机构专门化的发展中国家考察

一、发展中国家环境审判机构专门化概览

环境问题是全球各国都面临的问题,而且在发展中国家体现得更为

---

① Report to the General Assembly on the Performance of the Environmental Court(2007).

明显。因为发展中国家普遍面临着经济社会发展问题，对环境资源利用的要求和程度都非常强烈，这不可避免地导致环境问题的加剧。由环境问题引发的各方利益纠葛和对环境资源的适用范围、程度的争议，使环境纠纷也成为这些国家的主要社会纠纷形态之一。随着环境案件的增加，传统司法系统对这类案件的处理面临着一系列的法律和技术上的难题，各国环境案件的拖延和积压现象比较严重，环境保护的效果难以体现。在这种情况下，选择运用何种司法体制来解决环境纠纷从而实现环境公正和提高环境司法效率，也是各国在寻求可持续发展时必须考虑的问题。在这个过程中，包括中国在内的一些发展中国家吸收了环境法理论界的研究成果和发达国家的经验，开始环境审判机构专门化的实践，试图通过环境机构专门化来实现环境司法的特殊目的和任务。

2000 年孟加拉国颁布了《环境法院法》，该法规定设立环境法院来解决环境问题是适宜的和必要的，以便为法院审判环境污染案件和其他有关环境纠纷提供保障。以该法为依据，孟加拉国建立了环境法院和环境上诉法院，确立了对环境行为的执法权和管辖权。2000 年科威特成立了一个特别法庭，设立该法庭的目的是制止人们对当地环境的破坏和侵犯。因此，该法庭拥有广泛的权力，负责涉及石油泄漏、工业污染及该国 200 公里海岸线沿线发生的环境违法案件。2003 年 3 月 6 日，南非第一家环保法庭在西开普敦省赫曼努斯市正式成立，目的是加强打击偷捕当地的鲍鱼等水产资源的违法活动，确保沿海水产资源的可持续利用。该法庭虽然为地区级法庭，却拥有较大的裁决权，负责审理沿海的环境资源违法案件，包括刑事和民事案件。2003 年，巴基斯坦在首都伊斯兰堡设立环境保护法庭，该法庭将专门处理与环境污染有关的诉讼案件。2005 年，泰国设立环境法庭，并在法庭附设环境争议仲裁中心以及绿席，将环境纠纷的诉讼解决与非诉解决融为一体。2008 年，菲律宾最高法院设计和实施了一个使环境案件审理专门化的“绿色法庭”计划，按照这个计划最高法院指定了 117 个法庭为“绿色法庭”，审理全国的环境违法和环境执法案件。“绿色法庭”可分为一审和二审法庭，它们仍隶属于普通法院系统，可以继续审理普通民事案件、刑事案件，审理环境案件是附加指定的管辖权。入选“绿色法庭”的条件是该法庭具备有能力审理环境案件且声誉良好的法官。2010 年，印度新德里环境法庭设立。该法庭是印度首个执行污染法规的专门司法机构，遵从国家永续发展和污染者负担的原则。法庭获得授权处理与环境相关，或由环境问题衍生出来的司法事宜。该法庭受理环境公益诉讼，任何人都可以向法庭申诉，要求环境侵害人就其污染和破坏行为所造成的民事损害进行赔偿。为保证环境司法的专业性，法庭配置了专业性的法官和环境专家。另外，在非洲的坦桑尼亚、乌干达、肯尼亚也开始了专门性环境审判机构建立的讨论和相关准备，其中坦桑尼亚已经通过了立法，建立专门的环境法庭处理环境纠纷，但目前还没有进入实施阶段。

可以看出，发展中国家的环境审判机构专门化有这样几个特点：一是专门环境审判机构的设立还处于摸索阶段，还未系统化，但在环境纠纷解决领域设立专门的审判机构已经成为趋势，设立专门环境审判机构的国家越来越多。二是环境审判机构的“专门性”还较弱，大多数国家的实践是设立环境法庭，仍从属于原来的司法系统，有些国家甚至是通过认证“绿色法官”来认定环境法庭，如菲律宾。三是设立环境法庭的主要目的是通过司法手段，尤其是刑事司法手段加大打击环境污染和破坏行为，管辖范围还较窄。但在少数国家，如在印度，环境法庭受理任何人提起的环境公益诉讼。总体说来，发展中国家环境审判机构专门化的实践还不成熟，与发达国家的环境司法运作相比还有一定的距离，但各国形态多样的实践都是建立在他们的国情基础上，并且也体现了国际环境司法的发展趋势。在这些国家中，孟加拉国的做法是特别值得注意的，这是因为该国的环境审判机构专门化相对比较正式和彻底，通过专门的立法即 2000 年《环境法院法》设立了专门的环境法院系统，明确了环境法院的地位、组成、管辖范围和审理程序。

二、孟加拉国环境法院考察

孟加拉国是世界50个最不发达国家之一,位于南亚次大陆东北部的恒河和布拉马普特拉河下游冲击而成的三角洲上,大部分为肥沃、平坦的冲积平原。河道纵横密布,土地肥沃,非常适合农业和渔业。近年来,随着经济的发展和人口的增长,孟加拉国的环境受到了严重破坏,耕地和动植物种类减少、空气和地下水污染严重、自然灾害频繁。为了保护环境,给人们创造一个健康的生活空间,孟加拉国政府采取了一系列措施:1989年正式成立了环境森林部,1995年通过了旨在防止环境污染、保护生态平衡的《环境保护法案》,1997年又通过了《环境保护条例》,并制定了《国家环境管理行动计划》。在司法领域,成立了环境法院,对那些污染、破坏环境的企业和个人采取法律行动。孟加拉国的环境法院是根据2000年通过的《环境法院法案》设立的,该法案在2002年、2010年两次修订进行了完善。尤其是2010年的修订,根据环境法院十年实践所遇到的问题和孟加拉国环境保护的要求,力图克服环境执法中的障碍,加强公众参与,加大环境司法的作用。《环境法院法案》主要是对环境法院的设立、定位、管辖权、案件审理及上诉进行了专门规定。

(一)法院地位

孟加拉国的司法体系比较复杂,有巡回法院、县法院、民事法院、刑事法院、高等法院、劳工上诉法院、最高法院等。其中,最高法院是最高司法机构,有首席法官一人及法官若干人,均由总统任命。环境法院由专门的立法设立,属于专门法院体系。根据《环境法院法案》,专门环境司法机构分为环境法院和环境上诉法院。

目前,孟加拉国设立了4个环境法院、1个环境上诉法院,环境法院分别成立于达卡、吉大港、库尔纳和锡尔赫特,环境上诉法院设于达卡。随着环境违法行为的增多,孟加拉国政府加大了环境司法机构设置的力度,2010年修正的《环境法院法案》要求全国的64个县每县至少设立一个环境法院，有需要的地区可以设立几个环境法院，环境上诉法院也要随之增加。[①] 无论是环境法院还是环境上诉法院，都应当由政府公布宣告其成立及管辖区。

（二）法院组成

孟加拉国的环境法院由法官和辅助人员组成。环境法院的法官根据管辖区大小和案件数量的多少而人数不同，但至少应当有一个法官。环境法院的法官由政府与最高法院磋商后任命。环境法官应当由具备联合区法官（Joint District Judge）头衔的从事司法业务的官员担任。一般来说，环境法官只根据环境法律处理环境案件。但在必要的情况下，某个地区法院法官也可能被任命为环境法院法官，他在行使自身职务之外，也在环境法院的管辖范围之内处理环境案件。环境上诉法院也应至少有一名法官。该法官应当由政府商议最高法院后任命具有地区法官或治安法官（District Judge）资格的司法人员担任。该法官只能根据环境法律处理案件，但在必要的情况下，对于一个特定区域，也可以任命一个地区法官或治安法官（Sessions Judge）担任环境法院的法官，除了他的日常职责外，该法官应当在环境法院的审判管辖权范围内处理案件。

（三）受理和管辖范围

孟加拉国环境法院受理的案件主要是三类：（1）环境刑事案件。环境法院成立的一个主要目的就是利用专门司法机构加强对环境犯罪的打击力度，凡是《环境保护法案》所确定的环境犯罪行为都属于环境法院管辖范围。另外，如果一个环境犯罪行为与另外一个非环境犯罪行为相混合，那么对这两个犯罪行为都由环境法院进行审理，适用环境法院的审判程序。（2）环境民事案件。环境法院受理因环境违法行为而受到损害的当事人的损害赔偿案件和要求停止环境侵害的案件。但对于环境民事案

---

① Environment court in every district：www. bdnews24. com/details. php? id = 175258& cid =2，最后访问日期：2017 年 6 月 5 日。

件,2000 年《环境法院法案》设置了行政处理前置程序。即受害人须先向相关环境管理机构或人员提交了对环境违法行为的控诉或者要求赔偿的书面请求。如果相关机构或人员在 60 日内没有采取行动,则这种控诉或赔偿请求进入受理程序。不过 2010 年的修正案则不将行政处理作为必备条件。(3)环境公益诉讼案件。2000 年《环境法院法案》没有规定,但 2010 年的修正案,规定任何公民都可以到环境法院指控环境违法或犯罪行为。①

(四)案件审理

1. 环境刑事案件的审理

环境法院在审理环境刑事案件时,被视为一个刑事法庭,除《环境法院法案》规定的程序外,还适用孟加拉国《刑事诉讼法》的规定。环境法院受理的案件应当是由代表政府利益的检察官进行检控,由环境法院的特委裁判官或初级裁判官(还承担其他司法任务的地区法官)来审理。因而在检控前,应当由得到授权的调查官进行调查取证,并向法院提交调查报告或证据,法院也可以在审理过程中命令调查官展开进一步的调查。对于确认的环境犯罪行为,环境法院可以判处不超过 3 年的监禁或者不超过 30 万塔卡(孟加拉国货币单位)的罚金的刑罚或者同时判处这两种刑罚。不过,2010 年的修正案加重了刑事处罚,最高刑上升为 5 年监禁或 50 万塔卡的罚金。

2. 环境民事案件的审理

环境法院在审理环境民事案件时,被视为一个民事法庭,能够运用民事法庭的所有权力,除《环境法院法案》规定的程序外,还适用孟加拉国《民事诉讼法》的规定。在民事案件的审理过程中,获得环保部门首长授权的调查官员所做的环境事故的调查报告可以直接提交给环境法院作为

① Guru, Bangladesh set to establish 64 environment, http://gurumia. com/2010/09/21/strong - laws - for - safe - climate - bangladesh - set - to - establish - 64 - environment - courts/,最后访问日期:2015 年 6 月 10 日。

证据使用。环境法院自身也享有调查权。在一个案件的任一审理阶段，环境法院可以在将有关调查的时间、地点的公告送达给双方当事人及其律师后，开始调查该环境违法行为发生涉及的财产、物品、地点。调查结束以后，法官应将调查结果以备忘录形式记录在案，这种备忘录应该是案件审理过程中的一个证据，并且该证据不容任何一方当事人质疑。

环境法院根据案件情况可以作出三类判决：一是对做出环境污染或破坏行为的当事人发出禁止令，要求他们不再做出污染或破坏行为。二是如果环境污染或破坏行为的原因行为是适当的，则判令要求当事人对环境破坏或污染采取预防性措施或补救措施。三是判令侵权人对环境受害人进行损害赔偿。如果违反法院判决拒不履行，法院则可以视情况对其施加最高不超过 3 年的监禁或最高不超过 30 万塔卡的罚款或同时判处两种处罚。

3. 混合类及公益类案件的审理

对于既涉及环境犯罪又涉及民事赔偿的环境案件，那么对环境犯罪行为及该赔偿请求的审理应该适用同一诉讼程序，但环境法院将优先审理刑事追诉，不过如果随后的民事赔偿可能得不到侵权人足额支付的话，刑事罚金可以作为赔偿款先行支付给受害人。但如果民事赔偿请求数额相当巨大时，赔偿请求将与刑事案件分开审理。

2010 年的修正案为环境法院受理环境公益诉讼提供了通道，在孟加拉国，虽然规定任何人可以为环境公共利益提起针对污染者的诉讼，但更大的功效是给非环保政府组织提供了参与环境司法的途径。为了保证环境公益诉讼的进行，环境法院也有效特殊的规则，如在诉讼费用制度进行了特别的设置。首先，法院方面不收取任何费用。其次，提起公益诉讼方的律师在没有打赢官司的情况下不收费，而在打赢官司的前提下，也只是支付律师象征性收费。律师通过政府或者机构的公益专项资金来覆盖风险损失或支付成本。另外，环境法院也建立提供免费法律援助的律师库，供当事人进行法律咨询或提供援助。

4. 审理期限

一个案件的审理期限延期不得超过 3 次,环境法院应当在 180 日内审结一个案件;如果一个案件不能在上述期限内审结,在该期限届满后 15 日内,环境法院应将延期告知上诉法院,说明延期理由,并应当在 180 日届满后的 90 日内审结案件。由于实践中审理期限拖延的环境案件较多,2010 年的修正案要求特委裁判官将在 180 日内完成案件审理过程,不再延期。

(五)环境案件的上诉

根据《环境法院法案》,环境法院作出的关于刑事处罚、民事赔偿以及民事案件不予受理的裁判的败诉方可以在裁判作出的 30 日内向环境上诉法院提起上诉;而有关临时的禁制令、维持原状的命令、拒交保释金的担保、在指控或不指控时作伪证、受理违法行为及拒绝受理违法行为等由环境法院通过的一系列命令是不可上诉的。另外,在损害赔偿案件中,环境法院判决败诉的一方在未支付该判决中规定的赔偿款的一半时,是没有权利针对该判决提出上诉的。

环境上诉法院对于刑事案件的上诉,可以根据刑事诉讼法运用刑事上诉法庭所有的权力,对于损害赔偿案件的上诉,可以根据民事诉讼法运用民事上诉法庭所有的权力。另外,环境上诉法院可以根据案件的具体情况,将一个未决的环境案件从一个环境法院移送到另一个环境法院,也可以将一个未决的案件从一个特任裁判官移送到另一个特任裁判官。

可以看出,孟加拉国环境法院具有其自身的特色:针对环境案件的特殊性,将环境案件从普通法院的管辖中分离出来进行专门化处理,设立了环境法院和环境上诉法院;环境法院的管辖对象是刑事案件和民事案件,不包括行政案件,而且主要是刑事案件,表明环境法院设立的主旨是加强环境执法,提高环境法的震慑力度;在审理中,虽然也区分民事程序和刑事程序,但也有一些共同的程序规则;对环境公益诉讼开始呈现出开放的态度,并辅之以相关制度。

第三节 国外环境审判机构专门化的共性、问题与趋势

一、共性

各国的环境审判机构专门化虽然各有特点，但仔细考察他们的产生及运作，却也存在诸多共性。这些共性对于我们考察环境司法的发展趋势和我国环境司法改革的方向和框架无疑具有重要的参照意义。

（一）源于环境司法创新的选择

各国环境审判机构专门化的具体动因是不一样的：有的是应付日益增多且复杂的环境纠纷，如澳大利亚新南威尔士州、巴基斯坦等。随着各国经济社会的发展和环境保护理念的普及，自20世纪70年代以来，各国环境纠纷急剧增加。由于环境纠纷与普通社会纠纷存在很大差别，专业性强，牵涉人类社会和自然两个领域，要考虑的利益因素多元，法律关系的证明难度较高，这使传统司法机构在处理这类纠纷时面临很多困难。

有的是为了加强和统一环境执法的需要，如美国佛蒙特州、孟加拉国等。在这个层面上，一般而言发展中国家设立环境审判机构，是为了加强环境执法，摆脱地方和部门干预。而发达国家更多是出于统一环境执法的需要。在这些国家，环境立法高度发展，出台了很多综合性法律、单行法律和政府法规，环境法的体系庞大，内容复杂，法律规定的执法机构众多，法律适用的标准和尺度不一，为保证统一执法，需要有一个熟悉、掌握环境法体系、内容和运作的司法平台。

有的是为了保护公民的环境权，给公众提供更加良好的环境，提供更加有效的司法救济途径，如瑞典、新西兰。自1972年联合国《人类环境宣言》发布以来，很多国家在其宪法和环境基本法里确立了公众享有在健康和舒适的环境里生活的权利。由于这种权利具有高度概括性和抽象性，

其子权利还处于不断发展完善中，需要司法对其进行确认和保护。1992年联合国《环境与发展宣言》确立了“可持续发展”理念，正确处理环境保护与经济社会发展的关系也必然要纳入司法视野。在这种背景下，很多国家认识到环境领域的司法改革非常必要。

可以看出，无论各国设立专门环境审判机构的动因是什么，有一点是共同的，那就是传统司法难以具备解决环境纠纷的条件和能力，难以具备实现环境法的特殊规定和价值取向的理念和运行空间。只有通过不断的机制创新突破传统司法的桎梏，才能为完善国家的环境保护政策和加强对公众环境权的司法保障奠定基础。而这些国家都无一例外地选择了以环境审判机构的专门化作为环境司法机制创新的突破口。

（二）有着具体的立法支持

环境审判机构的专门化是对传统司法体制的改革和突破，这决定了只有通过专门立法确认才会获得正当性和合法性。而且，环境纠纷的解决、对环境权益的救济应是普遍性的、经常性的，而环境司法规范与传统司法规范存在一定的难以兼容性，所以无论是从质的规定性还是从量的规定性，都有以专门的法律来规范专门审判机构运作的需要。环境法律制度的司法执行、环境权利救济的特殊性，并不只体现在某一制度、某一程序，它涉及诉讼程序的诸制度和环节，包括当事人、管辖范围、法律援助、证据规则、事实确认规则和法律适用规则等一系列制度和程序的安排。这只有通过专门的立法，才能做到程序上的衔接和制度逻辑上的一致。

正是因为这些原因，典型国家在设置专门的环境审判机构时，都是立法先行。从立法的情况来看，大体分为三种情况，一是在环境基本法里进行规定，如新西兰《资源管理法》、瑞典《环境法典》；二是就环境审判机构的设立和运行专门立法，如澳大利亚新南威尔士州《土地与环境法院法》、孟加拉国《环境法院法案》；三是环境实体法为专门审判机构的设立提供法律依据，再通过专门的程序法设置法院的运行规则，如美国佛蒙特州《统一环境执行法》和《佛蒙特州环境法院程序规则》。无论哪种模式立法，法律都对专门环境审判机构的特殊性进行了充分的关注，从而明确了他们的法律地位、法院组成、管辖范围和特殊的程序规则。正是这些立法保证了专门环境审判机构的权威性，也就保证了他们运作的有效性，从而达到环境司法改革的效果。

（三）管辖范围的集中性和综合性

管辖问题关系专门环境审判机构的生命力，由各国专门环境审判机构的受案范围来看，虽然受案范围有一些不同，但也有着共同点。

（1）管辖的集中性。专门环境审判机构专门受理的是专业性较强的环境案件，管辖权具有排他性。如澳大利亚新南威尔士州环境法院是专门处理新南威尔士州有关环境、土地开发、建筑物及城市规划方面的案件的法院，瑞典环境法庭是瑞典受理环境许可和环境赔偿的专门管辖机构，美国佛蒙特州环境法院是解决佛蒙特境内环境行政争议的唯一管辖机构。而且，专门审判机构的设置是根据地理区域和行政区域来划分，并不必然对应于行政区域。如在澳大利亚新南威尔士州、美国佛蒙特州就只有一个环境法院，瑞典也只设立了 5 个地区环境法庭和 1 个环境上诉法庭。这种设置适应了环境案件跨区域性和生态连锁性的特点。有些国家为了保证案件集中审理的一致性，甚至专门设立环境上诉机构，如瑞典的环境上诉法庭、孟加拉国的环境上诉法院。

（2）管辖的综合性。大多数的专门环境审判机构具有综合的审判权，集多种性质的案件，如环境刑事、民事、行政案件的审判权于一身，甚至有的还扩及了执行权。如澳大利亚新南威尔士州土地与环境法院管辖权就涵盖了民事、行政和刑事三大领域，包括对环境保护及规划、行政命令的司法审查、民事履行、民事索赔、刑事诉讼和上诉等；瑞典的环境法庭受理涉及环境许可的环境行政案件和环境损害的民事赔偿案件；新西兰环境法院也广泛地涉及环境行政案件和民事争议；孟加拉国环境法院则主要受理环境刑事案件和民事案件。管辖的综合性还体现在大部分专门环境审判机构对于环境行政决定具有实质审理权，对政府的环境决策具有重要影响。最为典型的是新西兰环境法院,在审理政策声明、规划或资源许可案件时,可以作出环境管理决定,以自己的判断取代行政机关的判断。而美国佛蒙特州环境法院主要针对的是环境行政命令和行政行为,政府的环境决策既需要法院的执行,也需要法院的认可,环境法院实际成了环境管理体系的一部分。

(四)承认环境公益诉讼

环境案件的一个特殊性就在于往往涉及环境公共利益的保护问题,这是因为环境资源具有公共性,对环境资源的破坏或者污染,既可能带来私权益的损害,也可能对公共利益造成损害。而又正是因为环境公共利益所具有的扩散性和渗透性,传统司法又秉承消极司法理念,难以对其承担保护之责。环境审判机构专门化的一个重要功能就是要承担起环境公共利益保护的责任。可以说,对环境公益诉讼是否持开放态度,开放到何种程度是判断环境审判机构独特性、成熟性和生命力的重要标志。

从各国的做法来看,大多数的专门环境审判机构虽然对环境公益诉讼的范围理解不尽一致,但均承认环境公益诉讼,并将其纳入了受案范围。如在澳大利亚新南威尔士州,如违反或可能违反任何法案或条例的行为造成或可能造成的环境的损害,则任何人得向土地与环境法院提起诉讼,请求签发命令禁止该行为。在瑞典,任何对有害环境之活动提出诉讼请求的人,有权对该活动已发生或即将发生地的财产法院(环境法庭)提起诉讼。任何个人、环保组织、工会、行政机关、地方自治组织以及其他组织都有权对法院的涉及公共利益的环境裁判与决定提出上诉。在新西兰,在申请执行令和声明的案件中,对申请人没有任何资格的限制。如果法院已经受理的案件涉及公益诉讼,代表公共利益相关方面的人可以参与诉讼,并且可以提交有关环境公共利益受损害的证据。在美国佛蒙特州,环境法院也受理针对环境许可证的公民诉讼,如果公民或者公民组织认为政府发放的许可证或者许可证持有者违反许可证损害公众利益时,他们可以向环境法院提起公民诉讼。在南亚，印度新德里环境法庭受理环境公益诉讼，任何人都可以向法庭申诉，要求环境侵害人就其污染和破坏行为所造成的民事损害进行赔偿。孟加拉国则规定任何公民都可以到环境法院指控环境违法或犯罪行为。

（五）审理专业化

环境案件的一个重要特点就是具有很强的专业性，其审理涉及大量的专门性知识和技术性问题。为适应环境案件的这一特点，各国在进行环境审判机构专业化时，都进行了一定的制度配置来保证环境案件审理的专业化。

这些制度配置主要体现在：一是通过程序设计来明确所受理案件的专业性问题之所在和程度大小，并由此来决定适用程序和审理人员的配置。新西兰环境法院和美国佛蒙特州环境法院、瑞典环境法庭的听证会的案件管理制度就是典型。在新西兰，通过案件管理制度来决定环境专员参与案件审理的权限。二是选择及培训专业性法官。一些国家在选择环境审判机构的法官时，要考虑他们的专业知识背景。如在美国佛蒙特州，环境法院的法官要求具有环境科学知识背景，在菲律宾，只有那些具有环境审判经验或具有专业背景的法官才被任命为“绿色法官”，在印度，环境法庭的法官也要求一定的环境科学或环境法方面的背景。而大多数国家都注意到专业审判机构的新生性，从而注重对环境审判机构法官的专业培训，一些环保方面的政府性国际组织如联合国环境规划署和非政府组织如世界自然保护联盟都积极参与到环境法官的培训工作中来。联合国环境规划署在 1995 ~ 2002 年组织了 11 次环境法法官论坛，并在 2004 年出版了《环境法法官手册》，为各国的环境法官的司法定位和运作提供指引。三是吸收环境专家到审判队伍。为了提高环境审判组织解决专业问题的能力，一些国家将环境专家直接吸收到审理队伍中来。如在澳大利亚新南威尔士州土地与环境法院，法院组成包括 9 名专业委员，他们可以审理部分案件，并有权对行政决定的合理性进行实质审查；

瑞典环境法庭的组成包括一名环境顾问或两名专家成员，他们有权参加案件审理并给出意见；新西兰环境法院的组成包括了一定的具有专业身份的环境专员和副环境专员，他们直接和环境法官组成合议庭，参与案件审理。四是建立环境专家证人制度。一些国家通过证据制度的改革来保证对专业性问题的充分了解。如新西兰环境法院设立了专家证人会议制度，法院认可的相关领域或具有相关资质的专家，就相关专业问题进行对话，就其专业领域内的相关问题向法院提供中立的帮助。孟加拉国的环境法院则依赖环境行政机构的专家证词。美国佛蒙特州环境法院则允许当事人都提供专家证人以支持己方立场。

（六）积极引入非诉解决方式

鉴于环境案件的复杂性和诉讼成本的高昂性，专门环境审判机构没有一味地采用审判解决争议的方式，而是通过引入非诉解决方式来与审判解决相结合，以达到提高案件处理效率、减轻诉讼成本的目的。这些非诉解决方式包括调解、谈判、仲裁、中立评估、事实调查等。

但从各国的实践来看，运用的最广泛的、最有效的非诉解决方式是调解。这些调解制度也极具特色：一是调解员的选任。按照传统的做法，法官可以在法庭内组织调解。但专门环境审判机构大多选择了以独立于法官的调解员来主持。后者又分为两种情况，一种是由法院的登记员、助理登记员或环境专员作为经过培训的调解员来提供调解服务，如澳大利亚新南威尔士州和新西兰。另一种是法院设立专业调解员库，由当事人选择调解员，包括澳大利亚新南威尔士州、美国佛蒙特州的地区都认可这种方式，有些地方也允许当事人选择调解员库外的调解员。二是调解的适用性。大多数国家和地区都将调解作为当事人可以灵活选择解决纠纷的方式，但有些国家和地区的环境审判机构则有选择地要求某些案件应当经过调解。如在美国佛蒙特州，一般而言，如果没有充足的理由认为案件不需要调解，主审法官都会对案件下达调解令，要求案件必须经过调解程序。三是调解过程的保密性。没有当事人的同意，对于为调解准备的文件、调解过程中一方做出的承诺、一方提出的有关可能解决争议的建议或观点、调解员提出的建议或观点、是否有表示考虑解决问题建议意愿的事实,在任何诉讼程序中都不能作为证据。四是调解协议的灵活性。当事人可以要求环境审判机构对调解协议以法院的司法文书形式进行确认,也可以调解协议直接结束诉讼。

(七)配备一定的诉讼支持制度

“就算世界上有一种最完美的法律制度,如果公众无法利用这一制度,那么该制度再好也是没有多大用处的。”[①]专门环境审判机构要得到良性运行或者很好地利用,构建合理的支持性制度就很有必要。因为环境纠纷的解决,面临着耗时和成本高昂等问题,它们影响着纠纷解决的效率和环境公平能否实现。从各国的实践来看,专门审判机构都或多或少进行了支持性制度建设。

它们包括 4 个方面:一是诉讼费用制度的改革。诉讼费用是诉讼成本的主要组成部分,也是影响当事人走向法院大门的关键因素。环境案件由于往往牵涉专业性问题的鉴定和耗时较长,诉讼费用问题一直是诉讼进行的重大障碍。各国的专门环境审判机构都对该问题进行了回应。在案件受理费上,澳大利亚新南威尔士州土地与环境法院首先区分当事人收取,个人是公司的一半,经济困难的当事人可以减免,其次是根据案件性质收取,邻里纠纷较低,土地开发纠纷较高。[②] 而在孟加拉国,环境法院不收取费用。在律师费、专家费用等方面,大多采用败诉方负担原则。但对于公益类案件,对代表公共利益的一方采用特殊规则。如在瑞典,环保组织可以不用支付依申请案件的诉讼费,在新西兰,代表公共利益的一方一般不向对方支付费用,在孟加拉国,提起公益诉讼方的律师在没有打赢官司的情况下不收费,而在打赢官司的前提下,也只是支付律师

---

① [英]阿蒂亚:《法律与现代社会》,范悦等译,辽宁教育出版社、牛津大学出版社 1998 年版,第 67 页。

② 李挚萍:《外国环境司法专门化的经验及挑战》,载《法学杂志》2012 年第 11 期。

象征性收费，环境法院还建立了提供免费法律援助的律师库。二是建立案件管理制度。为了选择合适的环境纠纷解决程序和加快案件审理程度，有些国家和地区的专门环境审判机构建立了案件管理制度。如澳大利亚新南威尔士州土地与环境法院、美国佛蒙特州环境法院都有自己的案件管理制度，通过案件的分流、确定各个诉讼环节的时间和运行表来合理地配置诉讼手段、诉讼人员和诉讼时间，从而提高诉讼效率。三是坚持巡回审理与就近开庭。由于专门环境审判机构大都不是按行政区域设置，且数量相对较少，为了方便当事人进行诉讼，各国环境审判机构都采取了措施保证环境司法的可进入性。如澳大利亚新南威尔士州土地与环境法院定期在新南威尔士州的各地开庭，佛蒙特州法环境法院的正式审理一般在争议财产所在的城镇进行。四是创建电子法院系统。有些地方的环境审判机构为了适应网络化、电子化时代的需要，逐渐提高电子法院服务，包括案件的网络申请、电子传唤等。

二、问题与趋势

（一）问题

专门环境审判机构的出现已经30多年，其成效是明显的。他们的出现，大大提高了环境司法的效率，推动了环境执法和环境权的司法保障。更重要的是，他们的存在增强了环境法的生命力，为环境法制提供了创新的平台，支撑了环境法理论的发展。专门审判机构的实践也为其他国家的环境司法创新提供了经验，包括制定明确的法律依据和程序规则、加强法官的能力建设、提供专家参与诉讼和决策的通道、引入非诉纠纷解决方式、保证公众参与等。但是，我们也看到，各国专门环境审判机构的发展是不平衡的，发达国家的相对成熟，发展中国家大多还处于起步阶段。而且，我们也要认识到专门环境审判机构属于司法领域的一个新生事物，其制度还具有很多不完善之处，大多数专门环境审判机构在运行中都面临着许多困难和挑战。

（1）必要性和正当性仍然受到争论。专门环境审判机构设立的必要性在一些国家并没有获得一致同意，还存在一些质疑，包括仅因为专业性就设立专门审判机构会导致司法体制割裂；环境法院或环境法庭会对环境法律过分依赖，从而造成法律适用的割裂，忽视其他法律利益的保护；有些地方的专门审判机构受理的环境案件数量有限，挤占了有限的司法资源等。由于各国的专门环境审判机构在设置时所面临的任务不同，对其存在的正当性也存在一定争议。如新西兰环境法院为了实现资源管理法确立的自然和物质资源可持续发展的目标，并没有恪守传统法院中立裁判的角色，在纠纷解决之外，还承担了环境管理的任务。也就是说，环境法院除了行使传统法院的司法权，还具有实际的行政决策权。这对于恪守司法中立的学者来说，有反民主化的嫌疑。① 而在有些国家，专门环境审判机构仅限于行政许可和行政执行案件，被认为成为环境执法的工具，司法权受到压制。这些质疑在一些国家甚至占到了上风，如奥地利、芬兰、牙买加、巴哈马等国正在讨论取消环境法庭的利弊。②

（2）管辖体制还未完全理顺。在专门环境审判机构的上诉问题上，存在环境案件审理的特殊性是否需要使专门审判机构列于终审机制的各个链条上的争执，存在环境案件审理和法律适用的一致性是否需要专门的上诉机构来保证的讨论。实践中各国做法不一，有的国家专门设立了环境审判上诉机构，而另外一些国家则直接将环境上诉案件纳入传统的上诉法院或高等法院。在案件受理范围问题上，也存在一些纠结，即是将所有的环境案件都纳入专门审判机构的管辖，还是仅将专业性强的环境案件如环境影响评价、环境许可等案件纳入专门审判机构的管辖。对于这个问题，各国做法也是不一的，但总体上是扩大环境审判机构的受理范围的，不过在发展中国家，专门审判机构受到的限制比较大，与普通审判

① 沈跃东：《可持续发展裁决机制的一体化——以新西兰环境法院为考察对象》，载《西北农林科技大学学报》（社会科学版）2008 年第 3 期。

② 李挚萍：《外国环境司法专门化的经验及挑战》，载《法学杂志》2012 年第 11 期。

机构的分工普遍还存在模糊地带。另外，在一些存在级别管辖的国家，对于环境案件是放在基层法院还是中级乃至高级法院层次仍然存在争议。这些争议最终有可能对环境案件作不同的类型化，从而适用了不同的诉讼规则和救济途径。

(3)人员不足与职业受限。因为环境案件的特殊性和专业性，使能够承担环境审判任务的法官相对较少，各国专门环境审判机构都普遍存在人手不足问题，在一些环境法院如美国佛蒙特环境法院，长期只有一个环境法官，而在另一些专门环境审判机构，环境法官则需要由地区法官兼任如孟加拉国环境法院、菲律宾环境法庭。另外，由于在专门环境审判机构任职，可能限制法官们的专业发展和职务晋升，这也一定程度上影响了该类审判机构对法官们的吸引力。环境案件的解决对环境专家的依赖较大，然而在不少国家尤其是发展中国家，或者环境专家相对较少或者专家提供的专业领域的支持有限，如生态损害的鉴定方法和手段就还缺少一致的认可，这对于一些专业性非常强或新类型的环境案件如气候变化案件的解决也带来困难。

(4)司法成本高昂。从国家的角度来看，设立和运行专门的环境审判机构需要法官、辅助人员、办公场所和运转费用，需要国家从人力、物力和财力上进行保障。而且，由于环境案件的复杂性，往往耗时长久，需要较多投入，但很多环境案件都是公益类案件或者一方当事人是弱势群体的案件，诉讼收费有限，这就需要国家有充足的经费支持。无论是在发达国家还是发展中国家来说，设置专门环境审判机构要取得纳税人的支持都面临这一个难题。从诉讼当事人的角度来看，环境诉讼仍然是最昂贵的诉讼类型之一。这是因为环境案件的科学技术性，使其取证成本巨大，而环境案件的审理周期较长，又加重了当事人的诉讼负担。虽然各国都采取一定的减轻诉讼成本的措施，但诉讼成本仍然是阻碍当事人接近环境正义的重要因素。尤其在双方当事人经济实力相差悬殊的情况下，弱势一方当事人很容易放弃诉讼，这也是为什么有些地方环境纠纷不断增长,但环境案件受案量却没有明显增长的原因之一。如果成本问题未得到有效解决,专门环境审判机构就难以获得公众的信任,其可持续性就会是一个问题。

(5)司法共同体磨合期较长。在一个国家,无论是环境法官还是其他法官,无论是环境审判机构还是传统审判机构都应该置于一个司法共同体之内。但由于环境法官需要秉承可持续发展的理念,甚至在一定程度上需要将环境保护置于优先考虑,这使他们与其他法官在司法理念上会有一定差异。在司法操作上,环境法官或者环境审判机构可能需要法律赋予一些特殊权力或手段如能动司法、综合审查,甚至是融环境司法权与管理权于一体,这也与传统司法的运行逻辑有一定差异,这种差异在大陆法系国家就有可能成为环境司法与普通司法难以相连的鸿沟。如果这种差异不能在司法共同体内得到广泛的认可,就有可能造成环境审判机构与传统审判机构的割裂,环境法官与其他法官互相缺乏认同。在这种情况下,如果环境审判机构不独成一体,则法律适用的一致性堪忧,如果环境审判机构独成一体,则有可能导致国家司法共同体的破裂。因此,对于环境司法的价值观的认可和对环境审判机构专门化的共识是对接环境司法与传统司法的必由之路,而这是需要一个过程的。

(二)趋势

从目前的情况来看,尽管专门环境审判机构已经在很多国家建立,但是就全球范围而言,这还只是一种局部性的选择,在审理的环境纠纷的审判机构中只占少数,也就是说大部分环境纠纷仍然是在传统审判机构中进行审判的。即使是设立了专门审判机构的国家,其运行也存在一些问题。但总体而言,设立专门环境审判机构带来的法律效果和社会效果是明显的,其所遇到的问题是可以随着环境伦理的发展和司法创新解决的。环境审判机构专门化是符合社会可持续发展要求的,是环境司法发展的必然趋势。

这种趋势是环境问题的特殊性所决定的。环境问题的发生往往是多种原因造成的,环境纠纷具有综合性的特点,牵涉民事、行政和刑事等领域,是传统审判机构难以一并考量的。环境案件涉及科学技术判断、环境专业知识要求高,也是传统审判机构所欠缺的。只有环境审判机构专门化,才能为环境审判所要求的管辖权集中、专业化审判提供有效平台。环境纠纷所牵涉的利益具有多元性,环境私益和环境公益容于一个载体,在很多情况下,并不能对二者分开判断,这就需要对多元化利益进行判断的衡量机制。环境问题不纯粹是一个技术问题、经济问题,而是一个社会发展问题,对环境纠纷的处理往往涉及社会价值观的判断,涉及国家环境法律和政策的形成和实施,这就需要一个一体化裁量机制。只有环境审判机构的专门化,才能为这些机制的实现提供可能。可以说,这些可能性在各国环境审判机构的实践中都得到了体现。

这种趋势也是环境纠纷解决的现实所要求的。虽然环境纠纷的数量不断上升,但各国传统法院受理的环境案件并没有显著增长,环境案件审理的质量和效率也不高。这主要是因为传统法院的法官承担更多的民事、行政和刑事审判任务,没有热情和精力去研究、处理复杂性的环境纠纷,也没有积极性投入运用司法保护环境的努力中去。环境司法在传统司法中仍然占据的是不重要的位置。要改变这一点,必须创造新的审判平台,而各国专门环境审判机构的实践为这种创造提供了很好的示范。美国孟菲斯市 100 多年来,试图运用传统法院的处罚去阻止环境恶化。但不幸的是,传统法院并没有能很好地做到这一点。因为法官并没有对于此类案件进行连贯性审理,导致诉讼延期。为解决这个问题,该市便在全国范围内寻找一种成功的模式以解决这个问题,最终他们以印第安纳波利斯环境法庭为模式建立了孟菲斯环境法庭。“专门法庭的建立使得法官有足够的精力和时间去研究环境法典,以针对不同的环境诉讼,做出恰当的判决”“当事人也不用再等待很长的时间,因为如此这般,案件很快就能进入到诉讼程序”。美国律师协会也逐渐认识到环境法庭的特殊性,任命了 Larry E. Potter 和 JudgeMeredith Wright of Vermont 负责一个部门探讨环境法庭或环境法院。[1] 在英国，Lord Woolf 法官建议在英国引入环境法院机制，他认为："环境法院的意义不仅在于名称的不同，它是一个多面体、多功能的机构，它集现有环境领域中法院、行政法庭及检察官的职能于一身，对于环境纠纷提供了更为快速、廉价、高效的一站式解决方案。"[2]剑桥大学的 Malcolm 教授在其比较研究的结论中也建议在英格兰和威尔士引入环境法院制度，认为："澳大利亚的经验说明环境法庭为实现环境和规划法的执法提供了一种更为综合、民主、高效的方式。"[3]

21 世纪初中国各地纷纷开展的环境法庭实践也正是这种趋势的反映。

---

① 周伯煌：《环境法庭的设立问题探讨》，载《企业家天地・理论版》2008 年第 3 期。

② Harry Woolf, Are the Judiciary Environmentally Myopic? 5th Garner Environmental Law Lecture delivered at Church House, Westminster on 23 October 1991, reproduced in (1992) 4 (1) Journal of Environmental Law.

③ Malcolm Grant, Environmental Court Project – Final Report, February 2000, Department of the Environment, *Transport and the Regions*, London, p. 422.

第三章　我国环境审判机构专门化的实践考察

第一节　我国环境审判机构专门化的现状与特点

一、我国环境审判机构专门化的现状

随着我国环境问题的加剧和《环境保护法》的实施，如何加强环境司法一直就是环境法学界和实践部门讨论的问题。环境审判机构专门化就是其中一个选项。可以说，我国的环境审判机构专门化到现在为止经历了四个阶段。

第一个阶段是孕育阶段，从20个世纪80年代末到21世纪第一个十年的中期。1989年，武汉市沌口区人民法院曾尝试联合区环保局设立环境法庭，为我国环境审判机构专门化的最早探索，但最终该环境法庭遭到了最高人民法院的否决。① 但这并没有完全打消地方成立环境法庭的探

---

① 湖北省高级人民法院曾就此事请示最高人民法院，最高人民法院经过研究后认为：(1)环保法庭与人民法庭性质不同，目前在基层人民法院设立环保法庭尚无法律根据。为适应实际需要，可在武汉市沌口区人民法院有关审判庭内设立专门审理环保案件的合议庭进行试点，并注意总结经验。(2)国家审判机关的审判职能与国家行政机关的行政管理职能不应混淆，人民法院不要在法院以外同行政管理部门联合(或共同)另行设立专业法庭。

索冲动。1996 年，沈阳市中级人民法院的环保法庭成立；2002 年，沈阳东陵区环保法庭成立；2004 年大连市沙河口区环保巡回法庭成立；同年，河北省晋州市成立专门环保法庭；2006 年山东省茌平县挂牌成立环保巡回法庭。在这一阶段，无论是环保法庭还是环保巡回法庭，其成立的主要目的是协助环境执法，而非审理环境案件，其日常工作是办理和执行环境行政处罚案件。有些环保（巡回）法庭甚至是设在环保部门内，因而此阶段虽然出现"环保（巡回）法庭"，但是，这些环保（巡回）法庭实质上并不具备专门环境审判机构的地位和作用，有些地方如辽宁在这一时期成立的环保法庭后来大多被撤销。不过，这一时期的环保（巡回）法庭的实践仍然是有意义的，它们为中国环境审判机构专门化的方向和内容提供了经验和教训。

第二个阶段是起步阶段，从 2007 年到 2009 年。2007 年 11 月贵阳市中级人民法院成立环保审判庭，其所辖的清镇市人民法院设立环保法庭。贵阳的这两个机构是我国第一家真正意义上的专门环境审判机构，因为它们拥有独立的编制和人员，特定的管辖范围和审理模式。[①] 随后，2008 年 5 月江苏省无锡市中级人民法院成立环保审判庭并在辖区内 5 个基层法院成立了环境保护合议庭，负责辖区内环保一、二审刑事、民事、行政案件及执行案件；2008 年 8 月常州市新北区人民法院环保巡回法庭挂牌成立，辖区内所有涉及水、大气、噪声、自然生态环境等案件都由其管辖；同年 10 月，云南省昆明市中级人民法院设立环保审判庭，对涉及环境保护的刑事、民事、行政案件及执行实行"四合一"审判执行模式；同月，玉溪市中级人民法院成立"环境与资源保护审判庭"，2009 年 1 月，玉溪市澄江县、通海县法院成立"环境与资源保护审判庭"，负责审理辖区内的环境案件。这一时期的环保法庭均是"受任于危难之时"，贵阳的环保法庭

---

① 清镇市人民法院环保法庭统一负责涉及"两湖一库"（红枫湖、百花湖和阿哈水库）及贵阳市辖区内的环境保护、管理、侵权等民事、行政、刑事等案件的一审和执行，贵阳市中级法院环保审判庭负责上述案件的二审以及按规定应当由其一审涉及环境保护的相关案件。

是在“两湖一库”严重污染的背景下产生的，无锡的环保法庭则是在太湖蓝藻事件所引发的水生态危机背景下设立，而云南的环保法庭则是在阳宗海重大砷污染事故的背景下产生的。重大环境污染案件或事件折射出环境执法的无奈、传统司法的薄弱，从而引发了环境司法创新，而这些地方都选择了以环境审判机构专门化作为切入口。

第三个阶段是发展阶段，从 2010 年至 2014 年。贵阳、无锡、昆明等地环保法庭的实践在全国各地引起很大反响，很快成为各地环境司法改革讨论的热点。很多承载较大环境保护任务但又往往受制于传统审判机制的地方纷纷跟进，环保法庭的设立俨然成为司法改革的一种趋势。2010 年 4 月湖南宜章设立环保合议庭。2010 年 4 月青岛市城阳区成立环保法庭。2010 年 10 月，北京市延庆县法院设立北京市首家环保审判庭。2010 年 11 月，江西打破行政区域设立鄱阳湖环保法庭。2010 年 12 月海南省高院和各中院增设环境保护审判庭，[①]并在基层法院筹建环保法庭和环保合议庭，2012 年 6 月海南省首家基层法院环保审判庭在海口琼山法院成立。2011 年福建漳州、龙岩等中级人民法院和南靖、平和、长泰、华安等基层人民法院相继将林业审判庭更名为生态资源审判庭，负责审理环境保护案件。江西、陕西山东等地的一些基层法院也相继设立了环境保护合议庭、环保巡回法庭。还有一些地方在调研设立环境法庭的可行性和必要性，如安徽省高级人民法院将在淮河流域设立环保法庭纳入计划之中。在这一阶段，随着科学发展观的逐渐深入，环境审判机构的专门化成为各地加强环境保护的重要选项。

第四个阶段是全面布局阶段，从 2014 年到现在。2014 年 7 月 3 日，最高人民法院宣布成立专门的环境资源审判庭，最高人民法院环境资源审判庭的成立预示着我国环境审判机构的专门化由地方探索上升到国家布局。2016 年 5 月 26 日，最高人民法院发布了法发〔2016〕12 号《关于充

① 海南省高级人民法院是全国首家设立环保审判庭的高级人民法院。

分发挥审判职能作用,为推进生态文明建设与绿色发展提供司法服务和保障的意见》(以下简称《意见》),《意见》规定构建协调审判机制,妥当确定环境资源专门审判机构的职责和范围,充分发挥其专门化研究,对于环境公益诉讼以及跨行政区划的环境污染、生态破坏等案件,探索实行跨行政区划集中管辖,探索将环境资源民事、行政乃至刑事统一由一个审判机构审理的"二合一"或者"三合一"归口审理模式。截至 2017 年 4 月,全省 31 个省、市共设立环境资源审判庭、合议庭和巡回法庭 946 个。其中,专门审判庭 296 个,合议庭 617 个,巡回法庭 43 个。18 个高级人民法院、149 个中级人民法院和 128 个基层人民法院设立了专门环境资源审判庭。[①] 河北、江苏、福建、江西、山东、河南、广东、广西、海南、贵州、湖南、重庆、云南、四川、吉林、青海、甘肃、新疆 18 个高级人民法院设立了专门环境资源审判庭;福建、贵州、江苏、海南、重庆设立三级环境资源审判组织体系;其他高级人民法院均指定了相关审判部门负责环境资源审判工作;149 个中级法院和 128 个基层法院设立了专门环境资源审判庭。[②] 另外,有的地方根据本地区的资源环境特点和环境案件的法院主管情况,探索实施了"二合一""三合一"的管辖模式和跨区域、跨流域的集中管辖模式,我国的环境审判机构进入了全面布局阶段。

二、我国环境审判机构专门化的特点

我国目前的环境审判机构专门化的主要表现是设立环保法庭,而各地环保法庭的实践是有一定区别的,总体而言,具有以下特点。

(一)形式多样

从形式上看,我国专门的环境审判机构(组织)有环保审判庭、环保

---

① 罗书臻:《最高人民法院发布环资审判白皮书和环境司法发展报告》,载 https://www.chinacourt.org/article/detail/2017/07/id/2921360.shtml,最后访问日期:2018 年 7 月 29 日。

② 吕忠梅、张忠民:《环境司法专门化与环境案件类型化的现状》,载《中国应用法学》2017 年第 6 期。

合议庭和环保巡回法庭。环保审判庭是各级人民法院设置的专门审理有关生态环境问题的法庭，如贵阳市、昆明市、无锡市中级人民法院的环境保护审判庭和清镇市生态保护法庭、澄江县人民法院的环保法庭。这些环保审判庭是与民事审判庭、刑事审判庭、行政审判庭平行的机构，具有独立编制和人员。如昆明中级人民法院所设立的环保审判庭，人员配置6人；清镇市人民法院生态保护法庭系正科级编制，人员配置为12人；澄江县人民法院环保庭有3人，通海县法院环保庭有2人。

合议庭制度就是指法院审判案件实行集体审理和评议的制度。环境审判合议庭是专事审理环境案件的合议庭。这种形式是基层法院审理环境案件的主要组织形式。如无锡市中辖区内5个基层法院成立了环境保护合议庭，江苏、贵州、陕西等地的一些基层法院也设立了环境保护合议庭。环保合议庭也实行审判的专门化，负责审理涉及环境保护的刑事、民事、行政案件。环保合议庭不是独立的审判庭，其组成和审理根据案件性质由法院内部各审判庭灵活派员。环保合议庭往往为了保证审理的专业性和公众参与，其成员除了法官，还有吸收一些专业人士和群众代表作为陪审员，如南京市秦淮区的环保合议庭，由法官和3名人民陪审员组成，陪审员分别为一位企业技术人员、一位社区主任和一位区属机关干部。

所谓"巡回法庭"，就是人民法院委派并轮换训练有素的法官定期定点地到辖区各地巡回执法，及时高效地受理并调解或裁决一般的民事纠纷，为最广大的群众提供司法救济和法律服务一种审判组织形式。① 环保巡回法庭是专事处理环境纠纷的巡回法庭，也是我国基层法院应对环境案件而设置的专门化审理形式之一，如江苏南京、常州和辽宁大连等地的基层法院都设立了环保巡回法庭。一般来说，环保巡回法庭的活动和审理场所设立在辖区内的环保行政部门内。环保巡回法庭的法院由基层法院选任有环保审判经验的法官担任，受案范围主要是环境民事、行政纠

① 王海南、孙鹤：《如何在我国农村有效界定、保护和实施产权——关于建立乡镇"巡回法庭"的初步设想》，载《辽宁师范大学学报》（社会科学版）2005年第6期。

纷，但部分地方也受理环境刑事案件。不过，环保巡回法庭除了承担审理任务以外，还承担开展环保法律、法规的宣传和咨询任务。如南京市建邺区人民法院环保巡回法庭每周二都会有专门的法官接待来访群众，受理环保行政诉讼，每周四法官对相关案件进行审理、审查。同时，参与化解、组织协调环境保护争议。①

无论是环保审判庭还是环保合议庭、环保巡回法庭都是法院在现行法律框架下对环境案件进行专门化审理进行的组织探索。不过，从环保审判庭到环保合议庭、环保巡回法庭，其专门性和审判专业性是递次减弱的，可以说只有环保审判庭才是真正意义上的专门审判组织。

此外，各地环保法庭的名称也各不相同。如无锡中级人民法院的叫"环境保护审判庭"，玉溪中级人民法院的叫"环境资源保护庭"，漳州中级人民法院的叫"生态资源审判庭"，清镇市中级人民法院的原来叫"环境保护法庭"，后来改为"生态保护法庭"，福建各基层人民法院的叫"生态资源审判庭"，这也反映了环境法庭浓烈的地方色彩。

（二）设立层次不一

我国环保法庭的设立多是由重大环境事故催生，是地方生态建设的司法创新，具有很强的地方性，其设立层次不尽一致。这主要体现在环保法庭在最高人民法院层次没有设立之前，在高级人民法院、中级人民法院和基层人民法院均有设立情况，在最高人民法院设立了环境资源审判庭后，各地的设立情况也均不一致。

在最高人民法院没有设立专门的环境资源审判庭之前，设立了环保法庭的高级人民法院只有一家，即海南省高级人民法院。海南省高级人民法院是得到海南省编办同意后设立环境资源审判庭的，其设立的目的是推进海南的生态立省建设，推进资源节约型、环境友好型社会建设，从

① 徐小怙：《南京环保巡回法庭一举多得》，载 http://www.cenews.com.cn/xwzx/fz/qt/200803/t20080311_222910.html，最后访问日期：2013 年 5 月 10 日。

而为实现国际旅游岛战略定位和目标提供积极有力的司法服务和司法保障。海南省是在高级人民法院、中级人民法院和基层人民法院三个层级都设立环境法庭的省份,不过并不是海南所有的中级人民法院和基层人民法院都设立了环境法庭,就目前而言,海南省第一中级人民法院、第二中级人民法院、海口市中级人民法院、三亚市中级人民法院设立了环境保护审判庭,基层人民法院有海口市琼山区人民法院和白沙法院设立环境保护审判庭,尖峰岭和吊罗山两个国家级自然保护区设立了环境资源巡回法庭。在最高人民法院设立专门的环境资源审判庭之后,环保法庭的设立速度明显提升,特别是近几年,环境审判机构如雨后春笋般涌现。如2017年与2016年相比,环境资源专门审判机构在范围和数量上均有所扩大,其中环境资源审判庭同比增长速度为62.63%,合议庭数量同比增长71.87%,巡回法庭同比增长266.67%。[①]

从现有的已经设立的环保法庭的情况看,在实行环保法庭实践的地方大都在中级人民法院层次设立了环保法庭,有149个中级人民法院设立了专门环境保护庭,[②]占了全国专门环境审判庭的一半以上。如无锡市中级人民法院、贵阳市中级人民法院、昆明市中级人民法院都设立了环保审判庭,但他们在基层人民法院是否设立环保审判庭的问题上出现了分野,如无锡的做法是在基层设立环保审判合议庭,贵阳、昆明、玉溪等地则是有选择地在某些基层法院设立环保审判庭。之所以出现这样的分野,主要是因为根据《人民法院组织法》的规定,只有中级人民法院、高级人民法院和最高人民法院才能"根据需要"设立其他审判庭。一些地方据此认为基层人民法院不能设立环保审判庭,而另一些地方则模糊这条规定,由地方出台地方性规定来提供设立依据。

仅在基层人民法院进行环保审判组织专业化的实践也有两种形态,

---

① 吕忠梅、张忠民:《环境司法专门化与环境案件类型化的现状》,载《中国应用法学》2017年第6期。

② 同上。

一是少数地方设立了环保审判庭，如北京、青岛等；二是有些地方选择了设立环保审判合议庭或环保巡回法庭，如湖北宜昌、江苏南京等。总体而言，仅在基层人民法院设立环保法庭的做法“投石问路”的意味更重。由于我国实行的是两审终审制，其专业化审判的效果受到较大影响。

（三）受理范围有所区别，但都实行专属和集中管辖

由于我国环保法庭的司法资源整合是在上级法院的批示下进行的，并无明确的法律指引，因而各地环保法庭的受理与管辖范围是有一定差异的。如清镇市法院生态保护法庭统一负责涉及“两湖一库”及贵阳市辖区内的环境保护、管理、侵权等民事、行政、刑事等案件的一审和执行，贵阳市中级人民法院环保审判庭负责上述案件的二审以及按规定应当由其一审涉及环境保护的相关案件。对于贵阳市辖区外涉及“两湖一库”的一审案件，由贵州省高级人民法院向其下达指定管辖决定书。昆明的环保法庭负责审理涉及环保的刑事、民事、行政及执行案件。无锡市中级人民法院环保审判庭承担辖区内水土、山林保护的排污侵权、损害赔偿、环保公益诉讼等涉及环保的一、二审刑事、民事、行政案件，案件生效后的相关执行工作。海南各级环境审判庭的主要职责是审理辖区范围内涉及水资源污染、空气污染、放射性污染、噪声污染和环境破坏等各类民商事案件（含环境公益诉讼案件）；审理涉及环境保护的行政诉讼案件和国家赔偿的二审案件；非行政执行案件。福建漳州等地的生态资源审判庭、生态资源审判合议庭，管辖涉及生态资源的刑事、民事、行政案件。鄱阳湖生态经济区内发生的涉及环保的刑事案件，涉及生态环境、生活环境的排污侵权、损害赔偿的民事案件，以及涉及水土、山林保护、水资源保护、生态环境和生活环境保护而产生的行政案件，除重大环境案件交由中级人民法院环保审判庭管辖外，均由基层人民法院的环保法庭进行处理。北京市延庆县法院环保审判庭负责审理与环保有关的民事、行政和刑事案件。常州市新北区人民法院环保巡回法庭负责管辖辖区内所有涉及水、大气、噪声、自然生态环境等案件。湖南宜章法院的环保合议庭专职审理

涉及环境保护的民事、行政诉讼案件及涉及环保的非诉行政案件的强制执行。在跨区域的集中管辖方面也有尝试，2016 年 9 月 22 日，京津冀三地法院共同签署了《京津冀法庭环境资源审判协作框架协议》，采取协议方式实现了跨区域管辖，不但对于环境资源审判，而且对于特殊案件和专业性案件集中审理。[①]

可以看出，这些差异最主要体现在有的环保法庭负责涉及环保的刑事、民事、行政及执行案件；有的环境法庭负责涉及环保的刑事、民事和行政案件；有的环保法庭负责涉及环保的民事和行政案件。但无论哪一种，都是以集中管辖和指定管辖为基础，实行环保案件专属管辖。环保法庭通过这种管辖制度的安排来统一环境案件审理的司法标准，来实现对交叉案件和跨区域环境案件的协调处理，同时也保证其有足够的案源。

（四）承认环境公益诉讼

在我国民事诉讼法在对公益诉讼制度法定化之前，很多地方设立环保法庭的目的之一就是想以环境法庭为载体，实现环境公益诉讼的突破，因而将环境公益诉讼案件作为受案范围成为多地环保法庭的必然选择。海南、贵阳、无锡、昆明、江西鄱阳湖等地的环保法庭都将环境公益诉讼案件作为受案重点，如在无锡，凡是无锡市中级人民法院辖区内环保自然生态规划区域发生影响自然生态环境保护的公益诉讼，居民居住社区范围内影响生活环境质量的公益诉讼，沿太湖水域、长江水域、古运河水域环境规划带范围内发生的影响环境保护的公益诉讼，以及重点风景旅游区环境保护规划带范围内发生的影响环境保护的公益诉讼，都纳入无锡市中级人民法院环保审判庭受理范围。由于环境公益诉讼属于各地的探索，他们对于环境公益诉讼的原告资格在规定上有所不同。如贵阳中级人民法院环保审判庭赋予“两湖一库”管理局、环保局、林业局、检察院、

---

① 吕忠梅等：《中国环境司法发展报告》（2015～2017），人民法院出版社 2017 年版，第 8 页。

相关环保组织和个人环境公益诉讼的原告资格。无锡中级人民法院环保审判庭赋予各级检察机关、各级环保行政职能部门、环境保护社团组织以及居民社区物业管理部门环境公益诉讼的主体资格。昆明中级人民法院环保审判庭则赋予检察机关、环境保护行政执法机关和有关社会团体向法院提起环境公益诉讼的权利。鄱阳湖环保法庭则赋予检察机关、环保局、林业局等相关职能部门以及普通民众环境公益诉讼的原告资格。随着我国《民事诉讼法》和《环境保护法》的修订,公益诉讼亦成为环保法庭受理案件的主要来源之一。

据统计,从2007年至2011年,全国法院受理了10起环境公益诉讼案件,环保法庭占其中7件。而且,非检察机关提起的环境公益诉讼都是由环保法庭受理的。① 各地环保法庭受理的环境公益诉讼很多都是创纪录的。例如,无锡市中级人民法院环保审判庭受理的中华环保联合会诉江阴港集装箱有限公司污染侵权案是我国第一例以环保组织为原告提起的环境公益诉讼;贵阳清镇市环保法庭受理的贵阳市"两湖一库"管理局诉贵州天峰化工有限公司污染侵权案是贵州省首例环境公益诉讼民事案件,受理的中华环保联合会诉清镇市国土资源局行政不作为公益诉讼是全国首例环境行政公益诉讼案件,它还受理了贵州省首例检察机关作为普通民事诉讼原告的公益诉讼案件;昆明市中级人民法院环保审判庭受理的昆明市环保局诉三农公司、羊甫公司污染损害赔偿案,也是云南省环境公益诉讼第一案,同时也开了环保局提起环境公益诉讼之先河。2016年7月至2017年6月,一年的时间内,全国法院共受理公益诉讼达到了848件,包括各地检察院和具有资格的社会组织提起的公益诉讼,②环保法庭受理了其中相当一部分案件。

---

① 参见王社坤:《我国环境公益诉讼司法实践与制度构建调查报告》,首届环境司法论坛论文集(2011年6月),第246~247页。

② 参见最高人民法院:《环资审判(白皮书)及环境司法发展报告发布》,载 http://www.court.gov.cn/zixun-xiangqing-50682.html,最后访问日期:2018年7月29日。

(五)保证一定的专业性

成立环境法庭的一个重要原因是为了保证环境案件审理的专业性，但环境法庭成立本身并不能自动解决环境案件专业性强的难题。各地环境法庭已经开始探索保证案件审理专业性的措施。

在法官方面，考虑到很多法官都是由民事、行政或刑事审判庭的法官抽调而来，环境审判知识稍有欠缺，各地法院加强了与执法部门、高校、环保组织的联系沟通，为环保审判一线法官创造和提供学习、培训的机会。如云南省高级人民法院与中华环保联合会、武汉大学环境法研究所合作举办“环境司法论坛”，促进各地环境审判经验与专家理论的交流。中国国家法官学院与美国佛蒙特法学院联合举办了中美环境司法交流访问项目，就在2012年七八月间，一个由14名来自中国各地环境法庭法官和法官学院教授组成的访问团，参加了该项目3星期的培训课程。[①] 2009年7月13日，中南财经政法大学成立了环境法高级培训研究基地，[②]与各地环境法庭合作，培训环境法官和其他高级环境法律人才。

在吸收专家参与环境案件审理方面，有的环境法庭已经开始尝试环境法律和环境科学专业知识和技术支持的辅助性制度。例如，2015年5月最高人民法院也成立环境资源审判咨询专家委员会，聘请40名来自法学界、科学技术界的专家担任咨询委员，为环境资源司法政策规范性文件的制定提供咨询，为司法审判专业技术问题提供意见，为纠纷解决提供沟通交流帮助。[③] 贵阳市两级人民法院均设立了专家咨询委员会，贵阳市中级人民法院于2009年6月16日成立了由13名环保专家组成的环境保护审判专家咨询委员会，13名专家中有5人被聘任为人民陪审员，与

---

① 梁茂杰:《中国法官赴美培训环保法和环保案件审判》，载价值中国网:http://www.chinavalue.net/Story/496027.aspx，最后访问日期:2014年8月21日。

② 佚名:《环境法高级论坛第一次研讨会在中南财经政法大学举行》，载 http://www.sinoss.net/2009/0716/15904.html，最后访问日期:2015年9月1日。

③ 吕忠梅、张忠民:《环境司法专门化与环境案件类型化的现状》，载《中国应用法学》2017年第6期。

法官一起审理环保案件。[①] 2015年，贵州高级人民法院也在全省范围内建立了56人的统一专家库，在全省各地生态保护法庭都实现了资源共享。[②] 福建的生态环境审判庭则与环保等部门建立了信息共享机制、专家陪审制度。这些制度设立的目的在于通过集中各领域专家、学者的智慧和力量，形成强大的司法决策和专业理论支撑，进一步推动环保审判工作创新发展。与此同时，确立了专家证言制度。昆明中级人民法院附设了环境专家咨询委员会，建立"环境技术咨询制度"，解决法官审理环境案件中对证据、鉴定结论等难以进行认证的专业难题，同时确立相关证据制度，规定当事人及法院有权聘请专门技术人员作为专家辅助人出庭作证，其陈述可以作为证据。

（六）大都设置一定的辅助机制

由于各种利益纠葛，环境案件的处理具有较强的复杂性，各地环境法庭在实践过程中往往寻求与其他相关职能部门配合，建立协调机制，从而能够及时受理、处理环境案件，及时高效执行环境裁决。如昆明市出台"关于建立环境保护执法协调机制的意见"，建立案件移送制度、联络员制度、联席会议制度以及信息通报制度。北京延庆县法院环保审判庭成立后，建立联络员、联席会议及信息通报制度，建立起环保部门与环保审判庭以及其他环境执法机构的环境执法协调机制。福建省的生态审判庭与生态资源保护合议庭，通过建立联席会议制度，邀请人大常委会、政协、检察院、公安局、林业局、环保局、旅游局、水土办、信访局等机关单位相关人员参加联席会议，协调解决了生态资源保护工作中出现的问题。鄱阳湖环保法庭与公安、检察、环保等其他环保主体建立联动协调机制，分工

---

① 刘益、查兴田：《贵阳中院成立环保审判专家咨询委员会》，载《贵阳日报》2009年6月30日。

② 陈华永：《中国第一个环保法庭的司法实践——红枫湖映照的贵州生态故事》，载http://www.gzgs.gov.cn/gsxx/zyxw/201807/t20180705_3171627.html，最后访问日期：2018年7月29日。

合作,营造共同保护环境的良好氛围。

为了解决环境案件耗时长、成本高等问题,一些环保法庭也在探索节约诉讼成本,提供诉讼效率的措施。如江苏无锡环保审判庭实行立案当日制、审案全日制、执行全时制和服务全方位。环境审判庭可以直接审查涉及环境保护的各类案件,符合受案条件的当天立案,环保案件的取证、保全、开庭等审判活动实行无假日制度,并实行24小时全天候执行制度,非诉环保行政执行提前介入。昆明市设立了环境公益诉讼基金,为当事人提起环境公益诉讼提供支持。

第二节 我国环境审判机构专门化的成效与创新

一、我国环境审判机构专门化的成效

我国进行环境审判机构专门化实践的时间还不是很长,但从环保法庭的整体运行状况来看,无论是其收案总量还是司法效果都反映了适当的司法需求和积极意义。

贵州清镇市人民法院生态保护法庭自2007年11月20日挂牌成立至2017年5月,法庭成立的十年时间,共审理各类环境保护案件1288件,每年平均128件。[①] 自2008年以来,云南省各级环境资源审判庭已审理环境资源案件近1400余件。云南玉溪市中级人民法院环保法庭自2008年成立来至2016年共审理各类环境资源案160余件,审理了阳宗海砷污染重大环境污染事故案,云南昆明环保法庭共审结各类环保案件

① 胡俯茂、杨孝元:《清镇市人民法院生态保护法庭:为生态文明建设"保驾护航"》,载http://news.gog.cn/system/2017/07/05/015860522.shtml,最后访问日期:2018年7月29日。

280 余件。[①] 江苏省有江苏省高级人民法院和 8 家中级人民法院、13 家基层人民法院成立了环境资源审判庭，2017 年全省法院环保庭共受理环境资源一审案件 3432 件，结案 3288 件，结案率 95.8%。[②]

截至 2017 年，云南省已设立 18 个环境资源审判庭，2017 年云南法院共受理并审结各类环境资源刑事案件 1750 件，环境资源民事案件 2227 件，行政案件 1088 件，环境公益诉讼案件 134 件，其中包括由检察机关提起的公益诉讼案件 128 件，由社会组织提起的公益诉讼案件 6 件。[③] 由此，云南法院受理的案件均以民事案件为主，其次是刑事和行政案件。各类环境资源案件中，检察院参与的案件较多，包括刑事案件和公益诉讼案件，这与环境法庭主要定位于打击环境犯罪及检察院作为刑事案件的公诉人和公益诉讼主体在提起案件的主动性较高有一定关系。无锡在 2007 年至 2009 年的主要案件类型是行政非诉执行（75% 为非诉执行案件），[④]这与无锡环保法庭建立之初对环保法庭的功能主要定位为协助和支持环境行政执法有一定的关系。

环境法庭成立之前，贵阳清镇市法院相关庭室 2006 年一年受理的涉及环境保护的案件共计 7 件。而该环保法庭在成立一年的时间内共计收案 110 件，增长率达 1471%。无锡市两级人民法院自 2005 年至 2007 年三年共受理各类环境保护案件 302 件。与环保法庭成立后一年收案量为 300 余件的情况相比，环保法庭成立以来的总收案数量呈明显上升趋势，收案增长率约为 200%。[⑤] 2017 年，江苏省法院共受理环境资源一审案件

---

① 佚名：《云南发布环境资源司法保护白皮书》，载昆明环保局网：http://hbj.km.gov.cn/c/2016-06-22/2133263.shtml，最后访问日期：2018 年 7 月 29 日。

② 严明、陶正超：《江苏省高院通报全省环境资源审判工作》，载新华网：http://csj.xinhuanet.com/2018-06/05/c_137230534.html，最后访问日期：2018 年 5 月 12 日。

③ 茶莹：《云南已设立 18 个环境资源审判庭》，载最高人民法院网：http://www.court.gov.cn/zixun-xiangqing-100042.html，最后访问日期：2018 年 7 月 10 日。

④ 高洁：《环境公益诉讼与环保法庭的生命力》，载《人民法院报》2010 年 1 月 29 日。

⑤ 同上。

3432件,同比增加72.12%,[①]以上数据的对比说明,环境类案件总体上是呈现越来越多的增长趋势,而专门审判机构的设立既适应了环境案件增长带来的审判需求,其本身又为环境案件进入司法提供了更容易接近的平台。

同时,在环境公益诉讼方面,环保法庭是受理环境公益诉讼的主力军,从2007年至2011年,全国法院受理了10起环境公益诉讼案件,环境法庭占其中7件,包括清镇市环境法庭4件,无锡中级人民法院环保审判庭1件,昆明中级人民法院环保审判庭1件,曲靖中级人民法院环保审判庭1件。贵阳、无锡和昆明的环境公益诉讼实践走在全国前列。例如,贵州省清镇市生态保护法庭审理的中华环保联合会、贵阳公众环境教育中心与贵阳市乌当区定扒造纸厂水污染责任纠纷案是我国首起进行审判程序并支持环保组织诉请的民事公益案件,通过该案肯定了环保案件集中管辖和三审合一,推动了证据保全和先予执行、环保基金垫付相关费用、专家辅助人参与、与行政部门协调联动等制度的实施。[②] 另外,该法院还受理了贵州省首起跨区域的公益诉讼案件。2015年1月我国《环境保护法》经修订后施行至2016年12月,全国法院共受理社会组织提起的环境民事公益诉讼一审案件102件,2018年1月至5月,共受理30件;从2015年7月1日至2017年6月30日全国法院共受理检察机关提起的公益诉讼案件1126件,[③]这其中大量的环境公益诉讼案件均是由环保法庭直接受理和审结,环保法庭的存在对于推动各个地区的环境公益诉讼实践起到了重要作用。

---

① 戴丽娟:《省法院发布全省资源审判白皮书》,载《江苏法制报》2018年6月5日,第A01版。

② 参见吕忠梅、张忠民:《环境司法专门化与环境案件类型化的现状》,载《中国应用法学》2017年第6期。

③ 孙满桃:《全国法院今年1至5月共受理检察公益诉讼案件117件》,载 http://cnews.chinadaily.com.cn/2018-06/05/content_36324936.html,最后访问日期:2018年7月15日。

从实际效果来看,环境审判机构专门化对于以下方面都发挥了积极意义,体现出优越性。

第一,统一了环境司法的尺度,提高了环境司法的效率。环境法庭把原来分散于法院各法庭的案件进行了集中审理,使技术性和综合性较强的环境案件能够从科学和法律角度得到比较精准的把握,同时也减轻了法官们的负担,统一了司法尺度,相对避免了地方保护主义的干扰。例如,贵阳市环保法庭的案件管辖是确定在"两湖一库"自然流域的基础上,是跨地域的管辖,无锡市环保法庭主要针对的是太湖流域的水污染,是流域管辖,从而减少了地方保护主义的影响。反过来,对环境案件的集中审理,使环境法庭的法官能够集中精力进行相关法律和知识的学习,提高了法官审判环保案件的能力和技巧,提高了环境司法的效率,也提高了司法权力行使的权威性。从实际效果来看,环境法庭的行政非诉执行案件和执行案件的执结率大大提高,甚至环境处罚也更容易得到落实。

第二,推动了司法制度创新和环境立法的完善。各地的专门环境审判组织成立后都进行了程度不一的司法创新,开创了案件审理、管辖制度、执行机制和法律责任形式等创新,充实完善了环境公益诉讼制度,并且促成了一批规范性文件的出台,如昆明市中级人民法院、昆明市人民检察院、昆明市公安局、昆明市环境保护局《关于建立环境保护执法协调机制的实施意见》,云南省高级人民法院《全省法院环境保护审判建设及环境保护案件审理工作座谈会纪要》,无锡市中级人民法院、无锡市人民检察院《关于办理环境民事公益诉讼案件的试行规定》,贵阳市人大常委会《贵阳市促进生态文明建设条例》。可以说,正是地方环境公益诉讼实践和立法的努力促成国家立法的改变,2012 年通过的《民事诉讼法修正案》规定,对污染环境、侵害众多消费者合法权益等损害社会公共利益的行为,法律规定的机关和有关组织可以向人民法院提起诉讼。这一条款从国家法律层面为我国环境公益诉讼制度的确立迈出了跨越性一步,在《民事诉讼法》修订后,我国进一步通过对《环境保护法》的修订和环境案件相关司法解释的出台进一步为环境资源案件的司法实践提供了有力的支撑。

第三,增强了政府、公民的环保意识。专门环境审判组织对典型环境案件的处理,提高了政府、企业的环境保护意识,激发了公众的环境保护热情。如在无锡,当地政府、人大等部门在进行与环境保护相关的政策决策时,要征求环保法庭的意见。在环保法庭成立的大氛围下,行政职能部门对环境审判的重视和参与程度明显提高,主要体现在环境案件中提供技术上的配合和积极参与配合环境民事案件的调解,使环境案件的审理和调解成功率大大提高。在贵阳,环保法庭的活动引起一定社会反响,激起环境保护热潮,贵阳市在承接发达地区产业转移和招商引资过程中,主动放弃不符合国家产业政策和建设生态文明城市要求的项目 500 多项,涉及资金 450 亿元。当地民众在看到环境违法行为时,除向行政机关和职能部门反映问题外,也会同时抄送环保法庭。[①] 对企业的震慑力也大大提高,环保执法效果提升,从法院大家角度来看,体现在行政非诉执行案件和执行案件的执结率提高,从相关行政职能部门的角度来看,是行政处罚的落实变得相对容易。

环保法庭的实践效果,与美国乔治·普林教授对全球范围内 39 个国家和地区超过 100 个专设环保法院(法庭)所做的调研和分析结果基本一致,[②]也获得了国内外学者及环境保护界的认可。如云南省高级人民法院发出的《环境保护案件审理会议纪要》立刻成为学界与媒体追捧的热点。最高人民法院以及海南、广西等高级人民法院都与云南省高级人民法院接洽,请求提供相关资料。加拿大驻华大使馆、泰王国公主、总检察长及大使等国外贵宾都向外事部门提出请求,请云南省高级人民法院介

① 陈学敏:《设立环境法庭的冷思考》,2011 年首届环境司法论坛论文,昆明,第 64 页。

② 胡耘通、陈德敏:《环境审判专门化的分析与展望》,载《大连理工大学学报》(社会科学版)2011 年第 2 期。

绍相关情况,并表示今后在此领域希望双方进行合作。①《华尔街日报》还特地为中国环保法庭发表文章,认为“在中国针对污染企业展开的旷日持久的战斗中,中国法院已经开辟出了一条新的战线”②

值得注意的是,这些探索性的实验已经得到最高人民法院的正式认可,2010 年 6 月 29 日最高人民法院发布的《关于为加快经济发展方式转变提供司法保障和服务若干意见》规定:“在环境保护纠纷案件数量较多的法院可以设立环保法庭,实习环境保护案件专业化审判,提高环境保护司法水平。”2016 年 5 月最高人民法院发布了《关于充分发挥审判职能作用为推进生态文明建设与绿色发展提供司法服务和保障的意见》第 26 条前半段规定:“加强审判体制和机制建设。按照审判专业化和内设机构改革的要求,立足本地经济社会发展、生态环境保护需要和案件数量、类型特点等实际情况,探索建立专门机构,明晰职责分工,打造既精通法律又熟悉环境知识的专业化审判团队。”这意味着作为成熟的经验在全国推广,环保法庭的设置和环境案件专业化的审理已经成为一种常态,成为环境司法改革的一个组成部分。

二、我国环境审判机构专门化的创新

环境法庭是我国司法体系的一个新生事物,其肩负的环境保护的使命和其所承担处理的环境案件的特殊性、专业性、综合性使其从产生之初,就必然要进行制度和程序创新。不过,由于我国环境法庭的设立具有地方性,各地的环境司法创新是具有差异的,但总体而言,这些突破主要体现在以下六个方面。

(一)环境保护类案件综合、集中专属管辖,审判合一

管辖创新是环境法庭创新的主要内容,是环境法庭生命力的支撑点

---

① 曹红蕾:《云南环保法庭变刑事庭》,载《云南信息报》2010 年 10 月 18 日。

② Jonathan Shieber, Environmental Groups in China Now Have the Ability to Sue Polluters; but Will They? *The Wall Street Journal*, 2009 - 12 - 10.

之一。环境法庭的管辖创新主要体现在三个方面:一是界定环境案件,拓展管辖范围。我国传统司法对环境案件定性较为狭窄,即为环境污染类案件,相关环境诉讼的特殊规定如举证责任倒置、因果关系推定、诉讼时效延长等为环境污染案件专设。而环境法庭注意到环境污染和生态破坏为环境问题的两个方面,是相互联系和相互影响的,生态破坏案件与环境污染案件具有相同属性和特点,涉及多方利益和多方法律关系,对其需要进行专业性和综合性的审理。因此,很多地方的环境法庭明确环境类案件既包括环境污染案件,也包括生态破坏案件,都纳入其管辖范围。如贵阳环境法庭所管辖的环境案件,既包括水资源、土地、森林资源破坏案件,也包括水污染、大气污染案件,海南环境审判庭管辖的是涉及水资源污染、空气污染、放射性污染、噪声污染和环境破坏的案件。二是统合环境案件,将环境民事案件、环境刑事案件、环境行政案件一并纳入环境法庭的管辖范围。根据我国民事诉讼、刑事诉讼、行政诉讼三大诉讼分立和法院审判组织的分工,民事案件、刑事案件、行政案件分别由民事庭、刑事庭和行政庭管辖并审理。环境法庭打破了这一做法,是对我国管辖制度的一大创新,开创了综合管辖的先例。可以说,进行综合管辖是大多数环境法庭的选择,只是在具体范围上有所区别,如无锡、贵州、昆明、北京等地选择的是统合环境民事案件、环境刑事案件和环境行政案件,而海南、湖南宜章等地选择的是统合环境民事案件和环境行政案件。三是实行集中专属管辖。这主要体现在部分环境法庭打破地域管辖限制实行流域或跨区域管辖,不再根据行政区域来确定管辖区域,而是根据流域和生态特点来确定管辖,如贵阳清镇市环保法庭的管辖涉及"两湖一库"所有环境案件,而不局限于清镇市、甚至贵阳市境内,江西鄱阳湖环境法庭也是根据流域特点而设立。

与管辖创新相随的是审理创新,即所谓的"多审合一",环境法庭承担起所管辖的所有环境案件的审理,环境法庭的法官不再区分为民事法官、刑事法官、行政法官来审理案件,而是根据法官们的办案量和案件办结情况来承接、审理环境案件,包括民事案件、行政案件和刑事案件。从目前的实践情况来看,“多审合一”有“两审合一”“三审合一”“四审合一”三种形式。“两审合一”是环境法庭负责审理环境民事案件和行政案件,不包括环境刑事案件。“三审合一”是环境法庭负责审理环境民事案件、行政案件和刑事案件。“四审合一”是环境法庭除负责审理这三类案件外,还负责环境案件的执行。“多审合一”的优势在于法官能够从“可持续发展观”出发,对案件涉及的法律关系和多重利益进行综合判断,对案件所涉及的事实进行专业判断,从而统一司法尺度,提高司法效率。从这个角度来看,“三审合一”应当是符合环境案件特点的,“两审合一”将环境刑事案件分割出去,使环境案件湮没于其他刑事案件中,是不利于环境刑事案件的专业审理的,也不利于加强对环境犯罪的打击。“四审合一”将执行纳入进来,则有可能分散环境法庭的办案资源,影响办案效力。

（二）环境公益诉讼的制度化

在环境审判机构专门化前,我国的一些法院就已经零星受理了一些环境公益诉讼案件,不过这些案件主要是检察机关根据其检察监督职能以民事诉讼的形式提起,没有以“公益诉讼”的形式提出,也没有任何制度上的突破。可以说,在2012年修改的《民事诉讼法》承认环境公益诉讼以前,大张旗鼓提出“环境公益诉讼”并进行制度化实践的是以贵州、昆明、无锡等地环保法庭为代表的专门环境审判组织。这些环保法庭的制度尝试主要体现在以下几方面:

第一,制定有关环境公益诉讼的规范性文件,为环境公益诉讼的受理和审理提供依据。2008年11月,江苏省无锡市中级人民法院和无锡市检察院共同出台《关于办理环境民事公益诉讼案件的试行规定》(以下简称《规定》),成为国内第一项关于环境公益诉讼的地方性规定。《规定》对于环境民事公益诉讼的程序规则进行了较为详尽的规定。为了解决一定的证据问题,无锡市中级人民法院还与检察院、法制办联合出台了《关于在环境民事公益诉讼中具有环保职能的部门向检察机关提供证据的意见》。2009 年 10 月，贵阳市人大通过《贵阳市促进生态文明建设条例》（以下简称《条例》）。《条例》第 23 条对环境公益诉讼作出了明确规定，成为我国第一个关于环境公益诉讼的立法性文件。贵阳市中级人民法院为此出台了《关于大力推进环境公益诉讼、促进生态文明建设的实施意见》，对环境公益诉讼的程序规则进行明确。2008 年 11 月，昆明市中级人民法院与昆明市检察院、昆明市公安局、昆明市环境保护局联合出台《关于建立环境保护执法协调机制的实施意见》对环保法庭受理环境公益诉讼进行了规定，接着昆明市中级人民法院与昆明市检察院联合制定了《关于办理环境民事公益诉讼案件若干问题的意见（试行）》对环境公益诉讼做了更为详细的规定。2011 年 2 月，玉溪市中级人民法院与玉溪市检察院也联合发布了《玉溪市关于办理环境资源民事公益诉讼案件若干问题的意见（试行）》，对环境公益诉讼进行规范。

第二，明确环境公益诉讼的原告资格。我国在民事诉讼法修订之后，进一步通过司法解释明确了提起公益诉讼的原告资格，符合法律规定的社会组织和检察院可以作为公益诉讼的主体，但在我国法律对环境公益诉讼的主体明确之前，各地环境法庭都对环境公益诉讼的原告范围进行了规定，虽然各有不同，但大体涵盖了国家机关（检察机关、环保机关）、社会团体和公民个人三种类型，注意到了环境公共利益的扩散性和主体模糊性，从而保证环境公益诉讼原告资格的多样性。不过，在以往的实践中，检察机关、环保机关和环保公益组织的诉讼更容易受理，公民个人的环境公益诉讼还没有普通得到认同。对于这三类享有原告资格的主体，有些地方甚至考虑到了诉权行使的顺位问题。如根据无锡《关于办理环境民事公益诉讼案件的试行规定》，检察院提出环境民事公益诉讼的必要条件就是被督促起诉单位在规定期限届满后未向人民法院提起诉讼的。根据贵阳中级人民法院的《关于大力推进环境公益诉讼、促进生态文明建设的实施意见》，公民、法人和其他组织对污染环境的行为有权要求环境保护机构及时进行查处，相关机构没有在合理期限内处理的，公民、法人或其他组织可以提起环境行政公益诉讼或环境民事公益诉讼。可以看出，在这些地方，行政机关的诉权被看做处于优先位置。而根据玉溪市的规定，检察院可以督促、支持环境资源保护行政主管部门或支持环境资源保护社团组织向人民法院提起环境资源民事公益诉讼。必要时，也可以直接向人民法院提起环境资源民事公益诉讼，表明对环保团体的诉讼也给予了相当的重视。各地环保法庭的实践为日后环境公益诉讼原告资格的制度化提供了实践基础，也为环境公益诉讼原告资格的进一步发展提供了讨论空间。如《环境保护法》第 58 条第 1 款规定："对污染环境、破坏生态，损害社会公共利益的行为，符合下列条件的社会组织可以向人民法院提起诉讼：（一）依法在设区的市级以上人民政府民政部门登记；（二）专门从事环境保护公益活动连续五年以上且无违法记录。"最高人民法院、最高人民检察院《关于检察公益诉讼案件适用法律若干问题的解释》明确了检察机关提起公益诉讼的原告资格。

第三，创新环境公益诉讼的证据规则。这主要体现在三个方面：一是明确将因果关系举证责任倒置规则适用于环境民事公益诉讼。根据《侵权责任法》和相关环境保护法律，因果举证责任倒置规则只适用于环境污染侵权案件，而有关环保法庭环境公益诉讼的规定明确将其扩展到环境公益诉讼案件。如昆明中级人民法院曾经出台了《关于办理环境民事公益诉讼案件若干问题的意见（试行）》规定，环境民事公益诉讼中被告的危害行为、损害事实、损害后果由公益诉讼人承担举证责任。而被告侵权行为与损害后果不存在因果关系则由被告承担举证责任。贵阳、玉溪的规范性文件也有相似规定。但遗憾的是最高人民法院出台的环境民事公益诉讼司法解释没有对这个问题进行明确。二是解决鉴定难问题。由于环境公益诉讼案件一般都涉及专业性问题，而环境鉴定是目前是一个较难的问题，各地出台的环境公益诉讼文件对这个问题没有回避，规定了解决办法。如玉溪市曾经制定了《关于办理环境资源民事公益诉讼案件若干问题的意见(试行)》规定,对于损害后果的评估、因果关系的鉴定,有法定评估、鉴定机构的,由法定机构评估、鉴定;无法定评估、鉴定机构的,可以由具备相应资质的司法鉴定机构评估、鉴定;司法鉴定机构无法进行评估、鉴定的,可以由依法成立的科研机构、专门技术人员评估、鉴定。昆明、贵阳的做法也与此类似。2016 年 1 月,最高人民法院、最高人民检察院和司法部联合发布了《关于将环境损害司法鉴定纳入统一登记管理范围的通知》。随后,环境保护部、司法部联合发布了《关于规范环境损害司法鉴定管理工作的通知》,就环境损害司法鉴定实行统一登记管理和规范管理环境损害司法鉴定作出了具体明确的规定。三是确定行政文书的证据效力。在环境诉讼中,由于环境行政机关的专业性和其职权所在,其对环境损害拥有较多证据,缺乏取证渠道的环境诉讼的当事人对这些证据具有一定依赖性,但行政机关所掌握的这些证据能否被其他主体在诉讼中作为证据使用一直是一个有争议性的问题。昆明中级人民法院的文件规定,环保机构在行政执法中取得的调查笔录、询问笔录、监测数据、检验结果可以作为证据。无锡、玉溪也有相类似的规定。无锡还专门出台了规定,要求环保机构在环境民事公益诉讼案件中,应当按照检察机关的要求,提供相关证据材料。最高人民法院《关于审理环境侵权责任纠纷案件适用法律若干问题的解释》对此进行了确认,规定负有环境保护监督管理职责的部门或者其委托的机构出具的环境污染事件调查报告、检验报告、检测报告、评估报告或者监测数据等,经当事人质证,可以作为认定案件事实的根据。

第四,明确公益损害救济的方式。环境公益诉讼的请求一般包括停止侵害和损害赔偿。对于当事人的请求,根据各地环保法庭的做法,可以判决停止侵害也可以判决损害赔偿。各地都注意到了损害赔偿是基于公共利益受到损害,因而不能直接归于诉讼当事人,而是应归公,由公共机构管理并监督使用。如昆明的规定是纳入环境公益诉讼救济基金进行管理使用,玉溪规定赔偿金应向相关环境资源保护行政职能部门支付,并由其负责管理使用。2014 年最高人民法院发布《关于全面加强环境资源审判工作为推进生态文明建设提供有力司法保障的意见》，也作出了“探索设立环境公益诉讼专项基金”的规定。目前比较普遍的做法是上缴财政。

第五，创新完善环境公益诉讼的诉讼费用和法律援助制度。诉讼成本一直是影响公益诉讼的一大障碍。各地也注意到了这个问题，并确立了一些基本规则。一是原告免交受理费费。这个是比较一致的做法。无锡规定，人民检察院提起环境民事公益诉讼的，免交诉讼费用。贵阳规定，公民、法人或其他组织提起环境公益诉讼，法院应根据案件的具体情况明确予以免交或缓交诉讼费用，案件审结后，被告败诉的，诉讼费用由被告承担，原告败诉的，原告可以免交受理费。云南的做法也基本是如此。这些做法，除了“原告败诉的，原告可以免交受理费”没有被最高人民法院环境公益诉讼司法解释吸收外，其他都吸收了。二是对于其他诉讼费用，被告败诉的，由被告负担，包括公益诉讼人提起诉讼产生的差旅费、调查取证费、评估鉴定、律师代理费等。这主要是云南的规定，但也获得了最高人民法院的认同。[①] 三是设立专项基金，对公益诉讼起诉人进行救助。为了解决环境公益诉讼成本巨大影响其提起问题，有的地方实行建立诉讼救济基金来减轻起诉人负担的做法。如昆明市在 2010 年 10 月 25 日公布了《昆明市环境公益诉讼救济资金管理暂行办法》，规定了公益诉讼人提起诉讼的，可以向公益诉讼救济基金申请诉讼费用，最高可达 20 万元。

（三）探索政府提起生态损害赔偿诉讼

生态损害赔偿诉讼不是公益诉讼，是政府基于自然资源所有权，为履行职责而提起的诉讼，既不是公益诉讼，也不是普通的民事诉讼[②]。在政

---

① 最高人民法院《关于审理环境侵权责任纠纷适用法律若干问题的解释》第 22 条：“原告请求被告承担检验、鉴定费用，合理的律师费以及为诉讼支出的其他合理费用的，人民法院可以依法予以支持。”

② 吕忠梅：《生态环境损害赔偿诉讼中的问题与对策》，最高人民法院“创新环境资源司法理论加强生态文明建设司法保障研讨会”的主旨发言。

府提起环境生态损害的制度建立方面，我国也做了较多的探索，并不断地在司法实践中总结经验，在全国范围内进行推广。2015 年，中央办公厅、国务院办公厅印发《生态环境损害赔偿制度改革试点方案》[①]，在吉林省等 7 个省市部署开展改革试点。2017 年 12 月，中共中央办公厅、国务院办公厅印发了《生态环境损害赔偿制度改革方案》，在全国范围内实行生态损害赔偿制度。方案规定各地人民法院要按照有关法律规定、依托现有资源，由环境资源审判庭或指定专门法庭审理生态环境损害赔偿民事案件。2017 年 3 月贵州省清镇市生态保护法庭办结了我国首例省级政府提起的生态损害赔偿的司法确认案件。在该案中，清镇市人民法院生态保护法庭负责提供环境案件的程序性法律问题支持，省律师协会负责组织双方当事人进行磋商，达成协议经省环境保护厅同意后由清镇市人民法院生态保护法庭予以司法确认。该案体现了在政府提起的生态损害赔偿案件中环境保护专门法庭在赔偿磋商程序中发挥的重要作用。

（四）环境案件审理的专业化

环保法庭成立的一个重要原因就是环境案件的专业性。从目前的情况来看，为了保证审理的专业性，环保法庭在现存体制下作出的创新实践主要体现在两个方面：一是在法庭层面引入专家意见，如贵阳市中级人民法院成立了环保审判专家咨询委员会，其功能是对污染问题、因果关系、损害结果等进行论证，为法院环保审判工作提出专业意见。昆明市中级人民法院也组建环境审判专家咨询委员会，建立环境技术咨询制度，解决环境技术瓶颈问题。徐州市中级人民法院创新实行专家陪审、专家辅助人制度，推行由法官、专家陪审员、普通陪审员共同组成的大合议庭制，不断推进审判组织专业化。二是在证据层面引入专家证据。如昆明市中级人民法院、玉溪市中级人民法院规定，对涉及技术性或专业性的问题，当事人可以聘请专门技术人员作为专家辅助人出庭作证，人民法院也可以

① 已失效。

邀请专门技术人员出庭阐明技术性或者专业性问题,专门技术人员对技术性或者专业性问题的陈述可以作为证据。贵州的做法也是承认专家证言。之所以说这两方面是突破,是因为我国的《法院组织法》《民事诉讼法》《行政诉讼法》《刑事诉讼法》对法院附设专家委员会没有规定,对专家证据的认定规则也较为模糊。随着社会纠纷的精细化发展,审判工作也要随着予以专业化对应,从这个意义上说,环境法庭审判专业化的一些制度实践,对于整个审判制度的专业化发展都是有价值的。

(五)能动司法,采用预防性的司法措施

环境损害的特点是隐藏性、潜在性、不可逆性和难以治理性,因此预防原则成为贯穿于环境法的基本原则,它也必然要反映在其程序法中,以保证把环境污染和破坏控制在能够维持生态平衡、保护人体健康和社会物质财富及保障经济、社会发展的限度之内。这样就要求提供诉讼预防机制。在传统审判庭中审理的环境案件,当事人以传统责任行使承担法律责任,从本质上还是一种事后弥补的救济方式,法庭提供的只是事后救济机制。但是,从各地的环境法庭的情况来看,它们已经开始注意到环境案件中预防机制的重要性,并开始能动地采用一些预防性司法措施,从而不仅仅事后救济受害人的私权,还通过预防性措施来实现环境保护。这些预防性司法措施包括:一是积极开展环保司法建议和环保法律意见书工作。环境法庭根据各类环保案件审理过程中发现的问题,及时向有关管理部门和单位提出司法建议或法律意见书,建议其完善制度、规范执法、依法行政,从而在污染尚未形成诉讼案件之前,尽量减少污染,防止纠纷发生。比如,清镇环保法庭到 2011 年 6 月,已经发出 30 余条法律意见书,有效地对一些环境污染和破坏情况进行了前瞻预警。① 二是创造性地建立禁止令制度。鉴于禁止令制度对于贯彻预防原则的有效性,西方

① 刘明:《从环保法庭的实践谈环保审判专业化的必要性、可行性及发展趋势》,首届环境司法论坛论文,昆明,2011 年 6 月,第 6 页。

国家的法院在环境诉讼中广泛地运用禁止令来防范或停止环境污染行为。但在我国,环境保护法律及相关诉讼法都没有规定禁止令制度。但在环境法庭成立后,一些地方的法院开始进行了禁止令制度的实践。如昆明市中级人民法院规定,当出现被告的行为可能严重危及环境安全或者可能造成环境难以恢复或者继续加重对环境破坏的情形时,人民法院应当根据当事人的申请颁布禁止令,及时禁止被告的行为。禁止令由法院颁布,公安机关协助执行。三是扩大"先予执行"的适用范围。根据我国民事诉讼法,先予执行是法院依当事人的申请,在判决前先行裁定被告给付一定的金钱或者财物,以解决原告生活或者经营的迫切需要。先予执行实际上是对财物的先予给付,不涉及行为。一些地方的环境法庭为了贯彻预防原则,防止诉讼过程中环境污染或破坏行为的继续造成或加大环境损害,将先予执行制度扩展到危害环境行为的防止上来。如根据玉溪市的规定,因被告的行为可能造成严重危及环境资源安全、可能造成环境资源难以恢复、可能加重对环境资源损害,需要立即停止侵害、排除妨碍或者制止某项行为的,起诉人可以向人民法院(环保法庭)申请裁定先予执行。环保法庭审查认为确有必要的,可以裁定先予执行,责令被告立即停止相应行为。无锡市中级人民法院环境保护审判庭也肯定原告可以请求法院向被告发出停止环境污染行为的"先予执行"的裁定。

(六)进行执行制度创新

部分环境法庭为了保证环境案件受理、审理到执行的浑然一体或为了保证环境案件执行的专业性,将环境案件的执行也纳入其职能范围。这在我国法院具有专门的执行部门的情况下,本身即是一个制度创新。而这些被赋予了执行职能的环境法庭也不负众望,对执行工作进行了创新,以符合环境案件的特殊性。如清镇市环境保护法庭制度实施了环保案件执行回访制度,要求案件承办法官必须不定期到污染现场进行回访,查看实际履行判决情况,一旦发现消极履行,就按规定启动恢复执行程序,进行强制执行。在贵阳市"两湖一库"管理局诉贵州天峰化工有限公司污染侵权案中，正是通过该环境法庭的不断回访，督促废渣清运及渣场防渗漏工作，保证了判决的执行，改善了红枫湖的水质，解决了以前行政手段难以解决的跨区域污染治理问题。还有在环保刑事案件中创新适用非刑罚处罚手段，弥补破坏环境犯罪行为对生态环境造成的损害。这主要体现在对一些破坏环境犯罪行为如盗伐林木罪、非法采矿罪等，在判处法定刑罚同时，要求其在案发地补种树苗、恢复植被等。无锡市环保法庭和清镇市环保法庭在审理破坏环境案件中，都采用这种做法，判决被告补种树木，并规定了相应的管护期间。贵阳的环保法庭甚至提出了设立贵阳市生态环境司法修复示范园区的构想，通过非刑罚手段运用，对生态破坏地区进行有针对性的修复，保证生态执行的有效化。在泰州市中级人民法院环境保护合议庭及江苏省高级人民法院在审理泰州市环保联合会起诉6家化工企业污染环境的公益诉讼案中，创造性地提出允许企业在自行实施技术改造的基础上，向法院申请在40%额度内抵扣赔付金额。

第三节 我国环境审判机构专门化实践中的问题

我国部分地区环境审判机构专门化的努力对于促进公众环境权益的保护、促进环境司法改革和落实环境法律的执行无疑是具有积极意义的，但在其实践过程中也反映出一些问题。

一、法律依据缺失，规范性不够，地方各自为政

在国外，环境审判组织的专门化都是由专门立法支持的，如澳大利亚新南威尔士州的《土地与环境法院法》、新西兰的《资源管理法》、瑞典的《环境法典》、孟加拉国的《环境法院法案》，它们对专门环境审判组织的设立和运行进行了专门规定，从而保证其合法性和独立性。在我国，专门

环境审判组织的成立均是地方源于环境保护压力而进行的环境司法改革实验，其直接依据是上级法院的批示或所属编办的批准。这直接导致其合法性不足，尤其是基层法院设立环境审判庭普遍遭到合法性的质疑，因为根据我国《法院组织法》，只有中级以上人民法院才有权根据需要设立除民事、刑事以外的其他审判庭。同时，很多地方环境司法整合的广度很大，将环境民事、刑事、行政甚至执行案件都交由环境法庭办理。在没有明确的法律依据的情况下这样做，与《法院组织法》的规定也是有一定矛盾的。也正是因为没有法律依据，导致很多地方的环保法庭还面临着人事和经费上的困难。

由于环境诉讼的特点决定了环境诉讼规范有着不同于传统民事、刑事、行政诉讼规范的内容，各国也因此专门立法来确定专门环境审判组织的管辖、受案范围、审理程序等不同于传统诉讼法的内容。而在我国由于立法的缺失，各地要么是按照传统诉讼规则来审理环境案件，结果由于环境诉讼的受案条件、审理程序、证据规则、激励机制等方面规定得不具体、不明确，导致法官审理难度加大，审理效率低下；要么是通过法院系统的规范性文件来规定环境法庭运转的特殊性规范，如云南省高级人民法院的《全省法院环境保护审判建设及环境保护案件审理工作座谈会纪要》，但效力层次都不高，且有些还是内部文件，无法在统一司法标准和审判规则方面形成明确的法律指引。

也正是因为缺乏统一立法安排，我国专门环境审判组织呈现出较强的地方化，不同地方的专门环境审判组织的运转呈现出不同的状态。在专门环境审判组织的形态上，有的是环境审判庭，有的是环境审判合议庭，有的是环境巡回法庭。在层级上，有的在高级、中级和基层三级人民法院都设立环境法庭，有的在中级和基层人民法院设立，有的仅在中级或基层法院设立。在受案范围上，有的偏重刑事案件，有的偏重民行案件，有的偏重执行案件；有的偏重环境污染案件，有的偏重生态破坏案件。在公益诉讼问题上，诉讼规定、证据认定等方面各有不同等。这种地方化、多样化的状态无疑对于当事人环境权益的公平保护、环境案件的公正处理和环境司法标准的统一是有害的，尤其是在环境案件呈现跨区域性和生态连锁性的情况下。

二、受案数量相对较少

各地环保法庭成立后，总体上承接的环保案件呈上升趋势，贵阳、玉溪等地环保法庭年均受案上百件，无锡甚至达到300件左右。但总体而言，环境法庭在收案量方面处于吃不饱状态，相对于其他审判庭的收案量而言，环保法庭总的收案量不算多。全国各级人民法院环境资源审判庭均体现了“庭多案少”这个突出的特点。[①] 由于收案量不足，导致部分环境法庭转而办理其他案件或处于无案可办状态。这方面的典型是云南，除昆明市中级人民法院和玉溪市中级人民法院外，大多数基层环保法庭都在审理非环保的案子，很多主要办理环保以外的其他民事或刑事案件。以澄江法院环境与资源保护审判庭为例，该环保法庭自2009年1月成立到2010年4月，一共受理了6件环保案件，由于环保案件少，该审判庭承担了澄江法院50%的刑事案件，和该院刑事审判庭承担的案子一样多，每年80件左右。[②] 甚至还有个别基层法院环保审判庭全年无环保案件可办。在辽宁，沈阳市中级人民法院虽较早成立了环保审判庭，嗣后又在基层设立了6个环保审判组织，但目前，这些组织生存堪忧，沈河区法院环保法庭甚至已被撤销。[③]

这种收案状态也不能反映出当地的环境污染和环境破坏情况。如贵阳市环境法庭成立后的近1年中受理的近90件环境案件，其中85%是森

---

① 湖南省高院环资庭课题组、郴州中院课题组：《环境公益诉讼案件审理情况调研报告——以司法实践为视角》，2017年11月，第14页。

② 曹红蕾：《云南环保法庭变刑事庭》，载《云南信息报》2010年10月18日。

③ 王淇：《十余年零诉讼，辽宁环保法庭何处走》，载《辽宁法制报》2010年10月21日。

林违法案件，涉及水环境污染案件只占5%，[①]而实际上贵阳市水污染状况严重，当初环境法庭的设立就是以解决水污染问题为初衷的，水污染案件案源的缺少与污染现状极不相称。无锡解决的主要是行政非执行案件，也不能反映出无锡环境纠纷的现状，说明有大量的环境纠纷并没有进入司法程序，可能有的环境问题通过行政程序解决，有的则被视为不见，任其发展。

三、环境公益诉讼推动缓慢

环境法庭自设立以来就被寄予了打开环境公益诉讼大门的期望，而各地的环境法庭也为此作了一定的条件准备，但现实却与预期反差巨大。贵州清镇生态保护法庭从2007年11月20日至2015年2月20日，一审审理的环境公益诉讼案件为19件。无锡两级人民法院从2008年至2014年，审理的环境公益诉讼案件为14件。昆明市中级人民法院自2008年至2014年审理的环境公益诉讼案件为6件。重庆万州法院环保庭院自2012年至2014年审理的环境公益诉讼案件为1件。截至2017年11月，湖南省三级人民法院成立了11个环境资源审判庭，审理的环境公益诉讼案件为3件。[②] 环境公益诉讼案件没有出现之前人们普遍担心的"诉讼爆炸"现象，反而有"叫好不叫座"之嫌。[③] 这意味着这些环境公益诉讼只具有破冰意义，而没有带来蝴蝶效应。也可以看出，环境公益诉讼还只发生在少数环保法庭，许多环境法庭现在都遭遇"零公益诉讼"的尴尬局面。

环境公益诉讼作为环保法庭的一个重要支撑点，推动得如此缓慢，最

---

① 汪志球：《案源难量刑难执行难　贵阳环保法庭期待打破瓶颈》，载《人民日报》2008年9月18日。

② 湖南省高院环资庭课题组、郴州中院课题组：《环境公益诉讼案件审理情况调研报告——以司法实践为视角》，2017年11月，第16页。

③ 吕忠梅等：《中国环境司法发展报告》（2015～2017），人民法院出版社2017年版，第171页。

大的问题在于法律规则的缺乏。在2012年《民事诉讼法》修改承认环境公益诉讼之前,各地是“摸着石头过河”,法律提供明确依据之后,仍然缺乏明确的制度规则。如何审理环境公益诉讼?如何实现环境公益诉讼的价值?对此目前法律的规定较为模糊,这就造成环保法庭受理无依据、审理无规则的局面,对于环境行政公益诉讼之类更为超前的诉讼类型在受理和审理问题上更为心存疑虑。面对这种情况,各地的做法是出台自己关于环境公益诉讼的程序规定,这种程序规定除了在法理上其“合法性”值得怀疑外,还因为缺乏高层级的法律依据和统一的指导,各地的程序规定是有较大的差异。比如在环境公益诉讼的核心问题“诉讼资格”上,2015年《环境保护法》修订之前,各地规定得就不同,如贵阳市中级人民法院的诉讼主体是环保行政机关、检察机关、相关环保组织和个人。无锡市中级人民法院规定是检察机关、环保行政职能部门、环境保护社团组织以及居民社区物业管理部门。昆明市中级人民法院规定是检察机关、环保行政机关和社会团体。甚至一省之内也有区别,云南省高级人民法院《会议纪要》规定的公益诉讼主体是检察机关、环保社团组织,不包括昆明市中级人民法院所认可的环保行政机关。2015年出台的最高人民法院《关于审理环境民事公益诉讼案件适用法律若干问题的解释》对提起环境公益诉讼的社会组织进行了界定,但具体法律适用中仍存在争议,对于民事诉讼法所规定的法律规定的国家机关,仍没有明确的解释,如理论界和实务界就环保行政机关能否直接提起环境公益诉讼争议很大。

因此,究竟哪些主体能够享有公共利益代表资格?享有环境公益诉讼资格的主体在提起诉讼时是否有顺位的区别?有权提起公益诉讼的原告主体需要满足何种条件?法院对原告主体资格如何审查?公益诉讼主体在诉讼过程中提出终止诉讼或者变更公共利益代表人应当如何处理?公益诉讼是否需要特殊的证据规则?公益诉讼起诉人是否需要安排特殊的诉讼费用规则?甚至还有案号怎么规定,审理时原被告、第三人的座位等如何安排等具体操作性问题。这些问题至今还没有统一而明确的答案,也就导致环境公益诉讼推行缓慢,举步维艰。在实践中,公民个人提起环境公益诉讼因为没有法律依据存在一定的法律风险而出现公民难提起、法院难受理的状况。环保组织提起环境公益诉讼,面临着资格门槛高、取证难、成本高的问题。环境行政机关则存在"行政执法空心化"的质疑。而对于学界和社会舆论都普遍认同的检察机关,由于其法律监督者和起诉人的角色配置不明,加上其刑事追诉任务繁重,对环境公益诉讼的提起目前虽有相关规定,但法院和检察院之间就诉讼规则还存在一定的分歧,检察环境公益诉讼的推动更多源于生态文明建设和监察制度改革背景下检察机关寻找"增长点"的一种探索,而非对检察机关定位后的再出发,所以也就出现了检察机关提起环境民事公益诉讼和行政公益诉讼在诉讼理念和诉讼规则上的分歧和漏洞。在环境法庭本身,一些法官从环境司法实践的经验出发认为举证难、证据保全难、审理难、缺乏统一鉴定标准是导致环境公益诉讼难的"拦路虎"。①

四、管辖范围没有理顺

目前环保法庭均是通过上级人民法院的指定管辖或本级人民法院的决定来获得对相关环境案件的管辖权。由于缺乏法律的明确授权和对审判机构之间的协调,这种环保法庭的管辖在实践中还存在许多需要理顺之处。

首先在级别管辖方面,面临不对称性。我国法院系统实行的是四级设置及两审终审制,基层法院审理本辖区内的一审案件,高层级法院审理本辖区内影响较大的案件和相应上诉案件。一个案件最多经过两级人民法院的审判即告终结。由于环保法庭受理的案件包括民事、行政、刑事以及公益案件几种类型,这就要求环保法庭应当在四级法院或者至少在基层、中间和高级法院都设置,以保证环境审判的对应性和统一性。但现实

① 张朝云:《昆明环保公益诉讼期待"破茧"》,载《云南法制日报》2009年5月17日。

中，除极个别省份外，环保法庭要么只设在基层人民法院或中级人民法院，要么是在基层和中级两级人民法院设有。在第一种情况下，如果只设在基层人民法院，那么对其上诉案件，由中级人民法院的哪个庭受理呢？如果是根据案件的性质分别由民事庭、行政庭、刑事庭受理的话，则有违设立环保法庭初衷，如由其中一个庭受理的话，不说有违反法律之嫌，其长期专注于某一类型的法官是否有能力来解决不同类型的上诉案件则是一个疑问。如果只设在中级人民法院的话，除了同样具有上面这个问题外，还有这是否意味着所有的环境案件均由中级人民法院受理，而这很明显是与级别管辖的规定是相矛盾的。如果不是的话，那么中级法院的环保法庭又凭什么标准来选择所受理的环境案件呢？在第二种情况下，每个基层法院都设立环保法庭，可能面临着案源不足的问题，而中级人民法院的环保法庭仍然要面临其一审案件的上诉要由高级人民法院哪个庭室来处理的问题。

其次在地域管辖方面，面临着跨区域案件的挑战。环境问题的一个特殊性就在于影响范围广泛，这会导致环境损害的产生和到达链条并不会受行政区划所限制，往往涉及较多行政区域。如水污染、大气污染往往跨越几个地区甚至数省，水土资源、矿产资源保护也同样如此。在这种情况下形成的环境案件就会与法院以行政区划来受理案件的地域管辖传统有一定矛盾。在实践中，一些地方是通过指定管辖来对待这个问题的，如贵阳市清镇市人民法院环境保护法庭的主要职责是按照省高级人民法院和中级人民法院下达的指定管辖决定书，依法审理涉及“两湖一库”水资源保护，贵阳市所辖区域内水土、山林保护的排污侵权、损害赔偿、环境公益诉讼等类型的一审民事、行政案件和相关执行案件；依法审判贵阳市辖区外涉及“两湖一库”水资源环境保护、管理、侵权等民事、行政一审案件和相关执行案件。很显然，清镇市环保法庭的受案范围已经超出本市行政辖区。但是，通过指定管辖来扩大个别法院管辖权的做法解决跨区域环境纠纷的作用是有限的。一则由于跨区案件产生的经常性，它很难作为一种常用性措施用于解决跨省的环境案件管辖权的确定;二则作为一种应急性的管辖措施,长期实施会导致其他法院的异议,而且以其作为环境案件管辖决定的常态,势必成为各级人民法院一项非常频繁且麻烦的任务。

此外,部分地区环保法庭由于其定位和当地环境保护形势所限,对环境案件在管辖上进行了人为的割裂,有的只受理生态保护类案件,如福建的生态资源审判庭,有的只受理环境污染类案件,如海南的环境保护审判庭,有的这两类案件都受理,但限于一定范围,如贵阳、无锡的环境法庭。这种割裂导致不同的环境案件在同一法院的不同审判组织审理,从而带来新的环境公平问题。

五、审判一体化存在困难

为了解决环境案件的复杂性和综合性,环保法庭的一个主要创新就是"多审合一",即把原来分散在其他审判庭的各种环境案件拿过来集中审理,力图实现审判一体化。但是,目前的"多审合一"还只是管辖意义上的一体化,还没有实现审理意义上的一体化,因为环境法庭在审理环境案件时,还是按照案件的性质分别适用民事诉讼、刑事诉讼和行政诉讼程序来处理,在案件审理的程序上与原有的审判方式并没有实质区别,只是对法官审理水平和专业素质的要求提高了。而要达到真正的审判一体化,实现环保法庭设立的初衷,还有一些问题要解决。

首先是程序规范的不适应性。民事诉讼、行政诉讼和刑事诉讼分别对应于负态民事关系、行政关系和刑事关系的调整,针对的是传统人身纠纷和财产纠纷,着重于维护私益、监督和防范行政权力和保护国家利益,它们界限清晰,彼此不得逾越各自的受理范围。而环境纠纷因具有较强的社会性和利益综合性,通过现有三种诉讼模式来解决环境问题的实际效果不佳,所以在环保法庭统一管辖环境案件后,如果仍然套用原来的诉讼程序来分案处理,则无益于对纠纷所涉社会关系和利益的全面审查,尤其是无助于环境公益案件和交叉案件的处理，只是“旧瓶装新酒”而已。尽管当前一些围绕法律责任的研究对现有三种诉讼模式对解决环境问题的不适应性进行了分析和论证，也提出了一些应然性的立法建议，但实践中法官“以法律为准绳”的观念根深蒂固，在缺乏明确的法律依据的前提下，要求法官以应然性的理论论证为指导进行司法裁判是不现实的。[①]这样做的后果之一就是既加大了法官们的负担和压力，也造成他们不得不在“依法审判”的大前提下和环境司法创新的夹缝里尴尬行事。因此，程序整合是目前环保法庭审判模式创新的一个迫切要求。

其次是法律适用的困难。环保案件审判难度大，适用法律难点多的问题也阻碍着环境法庭的发展。我国环保法律的一个主要通病就是缺乏“可诉性”。[②] 大量的环保法律都是以加强和完善国家环境管理为核心来达到环境保护的目的，而忽视通过公众的起诉、接近法院来监督执法，来保障公众环境利益的意义。即使有些法律设定诉讼条款，也因为立法的模糊和简单等因素抑制了法律的可诉程度。而且，我国现行环保法律侧重于污染防治，很少涉及自然资源保护，有关土壤污染、环境损害赔偿等方面还基本处于探索阶段。在司法解释方面，近年来，最高人民法院虽然针对环境民事侵权、刑事案件、公益诉讼等都出台了司法解释，但司法解释的内容还是有限的，很多环境案件审理中的具体问题尚未有明确规定，有关环境行政案件的司法解释数量极少，这样的法律现实使法官在环境案件的审理中很难将法律制度具体化到案件中，导致了审理难度加大，审理效率下降。而传统的诉讼程序又缺乏“政策形成功能”的张力，限制法官通过程序的运作承认环境法的利益来弥补环境法可诉性的不足。这就造成即使设置了环保法庭，但其案件审理仍然举步维艰。

---

① 张璐：《我国环境司法的障碍及其克服》，载《中州学刊》2010 年第 3 期。

② 法的可诉性是指法所具备的为了判断社会纠纷的是非而使纠纷主体可诉求法律主体加以判断的属性，它是法的基本属性之一。

六、诉讼成本高

环境诉讼成本高,是影响环境诉讼形成和进行的一个主要原因,也是影响环境法庭受案量和案件审理顺利进行的一个重要因素。环境案件的诉讼成本普遍大于一般案件,打一个环保官司,费用动辄达数十万元甚至百万元,庞大的诉讼成本,正成为环境诉讼尤其是环境公益诉讼面临的最大桎梏。

目前造成诉讼成本高昂的主要是两个方面。一方面是受理费按财产标的收取和预收。环境污染或破坏案件的诉讼标的往往非常大,按照现行的诉讼费用制度,起诉人需要缴纳高额的诉讼费,这无疑为普通公民提起环境诉讼设置了一道过高的门槛,更不利于环境公益诉讼的提起。

另一方面是鉴定、评估费用高。环境案件具有较强的专业技术性,环境污染、环境破坏的成因与损害后果的确定需要专业机构和人员的鉴定、评估。而这种鉴定、评估往往专业性极强,需要较尖端的科技设备和较多人力资源,人力、物力、财力的消耗都相当大,这直接造成鉴定、评估费用高。从目前的实践来看,这种成本已经成为环保法庭审理环境诉讼的"拦路虎"之一,如在云南阳宗海污染案中,云南省环境科学院对阳宗海污染损害原因和程度进行了鉴定,西南有色昆明勘测设计股份有限公司对阳宗海所在区域的水文地质条件、污染进入阳宗海的途径进行了水文地质鉴定。其鉴定费就非常昂贵,后因政府部门出面协调,云南省环保科学研究院免收鉴定费,西南勘测地质公司对本来要收取的100万元只收20万元。因为这个案件是刑事案件,后来由省里出钱,公安机关交款。[①] 而这并不是孤例,在昆明中院受理的云南"环境公益诉讼第一案"(昆明市环保局诉三农公司、羊甫公司污染损害赔偿案)中,原告昆明市环保局一个很大的顾虑就是:起诉成本能否收得回。委托一家鉴定机构鉴定被污染

---

① 李蒙:《环境公益诉讼遭遇拦路虎》,载《民主与法制》2010年第13期。

区域地下水的水文走向，当时的报价是33万元，这对于环保局来说无疑是一笔巨款。因为，除正常办公经费外，环保局很少有其他经费，根本不可能拿出这么多钱来垫支，最后，昆明市环保局为打官司东拼西凑，筹集了10多万元垫付。[1] 政府尚是如此，如是民间组织或个人组织鉴定，其鉴定费将会多高？实在是难以估量。现实中，在迈出"草根NGO环境公益诉讼案"第一步后，"自然之友"就是被700万元的生态环境损害鉴定费用的报价困在了原地。2011年，"自然之友"就云南陆良化工实业有限公司铬渣污染事件提起环境公益诉讼，要求被告赔偿因铬渣污染造成的环境损失。但要取得赔偿，首先要对污染范围、污染程度，以及污染造成经济损失的具体金额进行确定，这需要由具备评估能力和司法鉴定资质的第三方机构作出鉴定。"自然之友"曾向一家具有司法评估资质的机构提出过鉴定请求。对方提出的报价是700万元，这完全超过了"自然之友"的承受能力。2011年，这个公益组织全年总支出亦不过500万元。现在，"自然之友"找不出任何一家既有评估能力、鉴定资质，费用又在可接受范围之内的机构。[2] 而案件也就因此而停滞在那里。实际上，在我国，社会公益组织的经济基础往往都比较薄弱，虽然法律逐渐承认其公益诉讼资格，但环境公益诉讼所要耗费的巨额成本已经成为挫伤环保公益组织积极性的一个难题。

七、专业性法官缺乏

环境案件的解决对法官提出了较高的专业性要求，即在认定事实时，要考虑到环境案件所牵涉的技术性因素和相关的技术标准，在适用法律时，在法律供给不足情况下，要在可持续发展观引领下，对现有法律规则进行符合环境保证宗旨的选择与确定。法官如果专业知识欠缺，就会对

① 蒋朝晖：《知易行难　谁来为环境公益诉讼埋单?》，载《中国环境报》2010年6月1日。

② 杨华军：《公益诉讼之困》，载《中国周刊》2012年第4期。

审判工作形成障碍。例如,在阳宗海砷污染系列案件中,鉴定结论涉及环境、水文、地质等多学科领域,属于综合性、专门性的特殊鉴定,对其进行审查的过程和结果都受到了社会的广泛关注,也引起了较大争议。随着审判分工的精细化发展,每个法官都有其专攻和发展领域,而环境法领域长期没有受到重视,当遇到环境案件的时候,由于绝大多数法官没有充分的环境法律知识,在审理环境案件的时就会感到艰难。因此,从我国现阶段的审判实践来看,法官的知识结构尚不能胜任环境审判的要求。

目前我国很多地方成立了环保法庭,但是这些环保法庭对法官的专业背景并没有具体的要求,而环保法庭成立本身并不能自动解决环境案件专业性强的难题。有些地方甚至因为法官的缺乏而导致环保法庭难以运行,如玉溪红塔区、江川、华宁三县法院环保庭的机构编制 2008 年就已经获批,但曾经很长一段时间出现人员编制实际落实困难等问题,还有些环保法庭虽然成立,但人员全靠其他庭室抽调临时组成。① 并不是这些环保法庭不愿选择具有专业性背景的法官,现实是环境法官供给不足。由于环境法属于新兴法律部门,中国开展环境法学教育的时间也很短,中国绝大多数的法官没有接受过环境法的专业训练,目前,具有环境法专业知识背景的法官数量极少。而在高校法学教育中,环境法学科属于边缘学科,环境法人才的培养和教育也是一个薄弱地带。另外,由于地域、职业发展和经济状况等条件限制,造成环保法庭引进环境法律人才困难,如运转较好的清镇市环境保护法庭由于不在城区且是基层人民法院所属法庭,也面临着难以在贵阳市范围内尤其是从城区选调有环保专业知识的优秀法官问题。②

各地的环境法庭在弥补法官专业性不足都做了很多努力,一方面,各级人民法院开展了多层次的广泛培训,如最高人民法院举办培训班、个地

---

① 曹红蕾:《云南环保法庭变刑事庭》,载《云南信息报》2010 年 10 月 18 日。

② 刘明:《从环保法庭的实践谈环保审判专业化的必要性、可行性和发展趋势》,首届环境司法论坛论文,昆明,2011 年 6 月,第 9 页。

方法院举办培训班邀请最高院法官授课、司法研究中心专家为法官授课、通过挂职锻炼等方式进行培训。[①] 另一方面,让具备环境科学的专家参与到环境案件的审理中来,不过专家意见只能对法官判断和决定起辅助作用,并不能替代法官的作用。由于法官环境法知识的培养和环境素养的积累需要一个过程,环境法人才的培养也需要一个过程,这意味着我国环境法专业人才缺失的现状在短期内难有改善,环保法庭法官裁判环境案件的专业性不足问题将长期存在。

我国环境法庭实践中存在的这些问题促使我们有必要进一步探讨我国环境审判机构专门化的应然性和需要一个什么样的环境审判机构问题。

① 吕忠梅等:《中国环境司法发展报告》(2015～2017),人民法院出版社 2017 年版,第 23 页。

第四章　我国环境审判机构专门化的应然性与路径选择

第一节　我国环境审判机构专门化的应然性分析

一、关于环境审判机构专门化的理论争议

我国环境问题的发展、环境事故的频发以及环境纠纷的特殊性引起各地环保法庭实践的此起彼伏，也引起了法学理论界对环境审判机构专门化的热议。从当前的讨论来看，对环境审判机构专门化的态度仍然分为肯定论和否定论两派主张。

（一）否定论的观点

否定论认为设立环保法庭的条件并不具备，即使建立环保法庭也不必然能解决环境问题，环境纠纷的解决可以通过完善现行司法机制来进行，不必设立专门机构，其基本观点有以下5个方面。

1. 设立环保法庭不具有合法性

这种观点主要论点有二：一是设立环保法庭无法律依据，强而为之会

带来制度困境。[①] 论者认为根据《人民法院组织法》第 18 条的规定,只有中级以上的人民法院才能"根据需要"设立包括环保审判庭在内的其他审判庭,基层人民法院不能设立环保审判庭。虽然基层人民法院可以设立人民法庭,但只是法院的派出机关,与按业务划分的环保法庭有着本质区别。同时,《人民法院组织法》第 12 条第 1 款规定:"人民法院审判案件,实行两审终审制。"我国《民事诉讼法》《刑事诉讼法》《行政诉讼法》都规定了两审终审制。所以,要设立环保法庭,必须有对应的两级环保法庭的设置,尤其是在环保法庭普遍适用的对于民事、刑事、行政和执法案件"四合一"的司法标准下。但目前无法做到这一点,这就造成在现有组织体制和管辖制度下如何构建环保法庭的格局存在难以克服的内生性困境:(1)如果采取无锡市中级人民法院环保审判庭和昆明市中级人民法院环保法庭的设立模式,即仅在中级人民法院内部设置环保法庭,则不符合或者是难以很好契合"两审终审制"的法律规定;(2)如果一审环保法庭设立于基层人民法院,则于法无据;(3)如果一审环保法庭设立在中级人民法院,则不符合现行的级别管辖的规定,也与现实中中级人民法院规定的受案范围存在抵牾之处。

二是环保法庭的制度创新违背了司法权配置的原则。[②] 笔者认为实践中的环境法庭为实现其设立目的和效能,采用了一些司法创新措施,但这些创新都是有违司法原则的,如为了解决案源难问题,环保法庭做法是通过环保法庭、环保行政管理部门、检察机关、公安机关密切配合,协同作战,举办多方联席会的方式来"拓展案源"。这种做法违反了司法机关应该保持消极被动的原则,没有体现该原则在精神实质上对于司法权性质和司法机关职能的定位,即司法权的行使和司法程序的启动遵循"不告不理"的原则,司法机关不能主动地对任何一项社会争端或事项进行干预、

① 张一粟:《环境审判庭是否"超生"?》,载《环境》2008 年第 7 期。

② 刘超:《反思环保法庭的制度逻辑——以贵阳市环保审判庭和清镇市环保法庭为考察对象》,载《法学评论》2010 年第 1 期。

介入并进行权威的裁判活动，只有在有人向其提出申请、提出诉讼请求以后，才能启动司法程序、实施司法裁判行为。又如，为了有效制止环境污染和生态破坏行为，有些环境法庭在立案、审理过程中采用了提前介入、先予执行手段。但法院的提前介入等同于未经审判而偏向一方的主张，这与司法权中立性不符，甚至可能是“饮鸩止渴”，将法院推向了行政执行的第一线。更为严重的是，这些司法手段运用的背后，是为了应对严峻的现实环境问题而将环保法庭的指导思想回复到强职权主义，这将有违现代诉讼发展的趋势。

2. 设立环保法庭的可行性和合理性值得怀疑

这种观点主要论点有四：①一是建立环境审判庭不是根治环境恶化的根本之策。因为当前环境问题的根源不在于法院没有专门的环境审判庭，而是由于我国长期以来“先污染，后治理”思想指导下的粗放型生产模式。要遏制甚至是根治环境恶化问题，关键在于建立集约型的、可循环利用的清洁生产模式，采用先进技术和引进先进生产设备，而非建立环境审判庭。二是普通法庭难以审理环境诉讼的原因并非没有环保法庭。当前普通法庭不能有效审理环境类案件的原因主要在于法院缺乏复合型人才，环境诉讼的主体适格规则不恰当，公民缺乏法治维权意识。环保法庭同样也面临着这些问题，只要这些问题能够解决，普通环境也能有效审理环境案件。三是环保法庭设立于法无据，环境类案件完全可以放在民庭、刑庭、行政庭等现有法庭内审理，没有必要另设法庭。四是环保法庭的实践不具有普适性。由于各个地区的经济发展水平不同，因此发生环境污染的概率也不相同，如果严格按照行政区划设立就会出现工业园比较多的地方案件量大，而没有工业园或经济落后地区的环保法庭无案可审的尴尬局面，这无疑浪费了司法资源。

---

① 常红：《设立环境法庭的几点思考》，载《法治论坛》2010年第3期。

3. 设立环保法庭的先决条件不具备

该观点认为，目前在司法系统普遍设立环保法庭的条件还不具备，如果我国设立环保法庭不具备这些条件，最终是昙花一现，既无法解决我国的环境纠纷问题，也容易在公众中造成不好的影响，与设立初衷完全背道而驰。这些条件包括：相关法律制度的完善，包括扩大原告的适格范围、扩大被诉对象范围、合理分配举证责任、改进诉讼费用预付方式、改善环境诉讼执行制度等；公民环境意识的提高，大量出现关心环境的"积极公民"；环保 NGO 法律地位得到保障和壮大；法官专业化的实现；环境损害赔偿责任保险制度的建立；法院系统内专家委员会的设立；环境司法鉴定制度的建立；专业化环境律师的出现。①

4. 环境法庭的实践效果不理想

该论点认为，从目前已有环保法庭的运行效果来看，环保法庭出现了案源困难、举证困难、鉴定困难、执行困难和诉讼成本高企等问题，实践效果并不明显，甚至有些环保法庭长期处于空置状态。环保法庭所遭受的尴尬境地表明其设立并无必要性，其可能面临经济审判庭的命运。②

5. 环保法庭的设立不合我国的司法体制

该观点主要为非环境法学界的持反对论的专家所主张，其认为，将司法案件分为民事案件、行政案件、刑事案件并分别由民事审判庭、行政审判庭和刑事审判庭来审理是我国司法体制的基本制度，将环境案件单列出来并设立专门的审判庭来审理会增加司法成本，导致我国本来就很紧张的司法资源更加紧张。而更为重要的是，如果环境案件可以这样做，那么其他专业性强的案件也需要设立相应的审判庭，这就会出现审判庭众多的现象，这与我国司法体制明显不符。

---

① 陈学敏：《设立环境法庭的冷思考》，首届环境司法论坛论文集（昆明）2011 年，第 69 ~ 73 页。

② 黄金菊：《设立环境法庭的法理与实证再探讨》，首届环境司法论坛论文集，昆明，2011 年，第 53 页。

（二）肯定论的观点

与此同时，很多学者都肯定环境法庭的设立是环境司法发展的趋势，在我国设立环境法庭具有现实意义，他们也从不同角度对设立环境法庭进行了论证。

1. 环保法庭的设立具有积极意义

具体来说，环保法庭的成立被认为有以下几个方面的积极意义：(1)设立环保法庭有利于充分利用人力资源，提高诉讼效益与经济效益；(2)既方便当事人诉讼，又体现法律的严肃与公正，真正为群众排忧解难；(3)设立环保法庭，加大了司法力量处理环境违法案件的力度。①

2. 环保法庭的设立具有必要性

其代表性观点认为，设立环保环境的必要性在于：第一，当前的环境问题凸显，环境案件增多，给普通法院案件审理增加了审判压力。第二，环境案件本身的复杂性，决定了审理环境案件必须是具有专业知识的司法人员才能胜任，这样他们既能真正把握环境案件的实质，公正公平审判以实现司法公正；也能提高环境案件审判的数量，实质审判质量和数量的合理统一。第三，有利于环境保护预防原则的实现，设立专门的环保法庭可以使环境案件很快立案，快速审理和判决。第四，环境问题的严重性决定环境法庭的设立需求。第五，环保法庭有利于解决跨区环境污染问题，有利于消解地方保护主义。第六，环境法庭的建立本身就是一种宣誓，能够使人们感受到环保的重要性、严重性和威慑性。②

3. 环保法庭的设立具有可行性

其代表性观点认为，第一，环保法庭设立于法有据。据《人民法院组织法》的规定，中级以上设刑事审判庭、民事审判庭、经济审判庭，根据需要可以设其他审判庭。这里的“其他”可以包含环境法庭及其他专门法

① 曹家新：《环保法庭越多越好》，载《中国环境报》2008 年 11 月 17 日。

② 蔡学恩：《环保法庭专门化研究》，首届环境司法论坛论文集（昆明）2011 年 6 月，第 19 ~ 20 页。

庭。基层法院设环保法庭可以对《人民法院组织法》第19条作立法或司法解释,从而满足“两审终审”的要求。第二,有可资借鉴的国外实践。目前,世界上有40几个国家设立了270多个专门的环保法庭,我国可以参考借鉴。第三,有中国本土的创新实践。我国各地已经设立了几十个专门法庭,且还在不断增长中,足见其旺盛的生命力和支撑其成长的客观社会需求。①

4. 环保法庭的设立符合国际上环境法的发展趋势

很多主张设立环保法庭的学者都提到国外环保法庭的设立情况,其代表性观点认为,目前,瑞典、澳大利亚、孟加拉国、科威特、南非、巴基斯坦、新西兰和美国等很多国家和地区都设立了专门的环境法庭(法院),专门审理涉及环境污染的案件。设立环保审判庭是环境法发展的一个主要样态和趋势,也为我国的环境司法发展指明了方向。②

二、回应与结论

(一)理论回应

1. 环境审判机构专门化是环境保护司法保障发展的要求

美国学者P. 诺内特和P. 塞尔兹尼克把社会或历史上的法律分为三类型:压制型法——作为一种压制性权力的工具的法律;自治型法——作为一种能够控制压制并维护自身完整性的特别制度的法律;回应型法——作为一种回应各种社会需要和愿望的便利工具的法律。回应型的法律主要是更多地回应社会的需要,它把社会压力理解为认识的来源和自我矫正的机会,以公共目的为指导,使目的具有足以控制最终在社会问题和社会需要的压力下促使法律自身不断修正、变革,在法律与社会之间

① 王树义:《我国环境司法专门化之必要性及可行性分析》,首届环境司法论坛论文集,昆明,2011年6月,第61~62页。

② 徐寅杰:《我国环保审判庭的设立依据、现状及建议》,载《江苏警官学院学报》2009年第4期。

形成良性的互动关系。[①] 环境法就是一种产生于20世纪五六十年代的回应型法,其目标是使人类从过去以牺牲环境和资源为代价谋求社会发展的模式转换到人与自然的和谐发展、经济增长与环境保护协调发展的模式。这样一个法律部门,所关注和规范的是社会公共利益和保障基本人权,它所侧重的是社会领域的法律调整。它要求根据人们环境观的改变,促进环境权利的形成和保障,促进环境公共利益的认识和维护。由于环境权处于形成过程之中,由于环境公益、环境私益和其他利益的相互交叉性使传统法院很难实现环境法的目的。因为环境法的公共目的要求法院按照宪法环境保护的宣示性规定或者环境法律的概括性规定对环境权作出符合目的的解释权利,允许通过司法活动对具体案件所内含的新型权利进行探索;要求法院对环境案件所涉及的社会关系进行多重审查,不再局限于仅对某一类型社会关系、某一类型利益的保护。比如法院在审理企业污染致人损害赔偿的环境案件时,不仅要考虑如何让受害者的损失得到赔偿,还要考虑如何促使企业实现达标排放,从而避免简单关闭企业导致员工失业引发社会不稳定。[②] 这种积极司法要求发挥法院政策形成功能和利益衡量方法,要求审判机构可以在法律框架之内针对环境纠纷案件的特殊性创新一系列的司法制度,而这是传统法院在"依法审判"的指导思想下难以兼顾的。

环境案件具有较强的专业性,体现在对环境损害发生机理的认识、环境损害结果的评估和认定,自然资源的价格和价值的评估和认定,自然资源生态功能的经济评价,环境要素和自然资源生态功能的可恢复性的判定,环境损害行为与损害结果之因果关系的证明等需要运用专业性知识和方法进行专业性的判断。环境案件专业性的特征所决定这些案件审理起来往往非常复杂,对法官有特殊要求,程序上有特殊性,审理上要专门

---

① 参见[美]P. 诺内特、P. 塞尔兹尼:《转变中的法律与社会:迈向回应型法》,张志铭译,中国政法大学出版社 2004 年版,第 82 ~ 87 页。

② 李成思、张俊:《环保法庭,能否走得远?》,载《中国环境报》2009 年 7 月 28 日。

化。而这些在审判任务繁重的传统法院都难以提供。

因而从质的规定性来看，环境权益的实现和环境法的正确执行需要专门化的审判组织。另外，从量的规定性来看，环境审判机构专门化也是有效解决环境纠纷的司法保障。目前随着人们环境意识的提高，环境问题所引发的纠纷比比皆是，其引起的群体性事件也不在少数。从总的情况来看，环境案件呈现出逐渐增多趋势，越来越多环保法庭的案件受理量开始呈现逐年上升态势。其背后，是我国对环境违法行为查处力度不断加大，以及公众环保意识的提升。从 2007 年 5 月至 2017 年 2 月贵州清镇市人民法院生态保护法庭，共受理了各类环境保护案件 1160 件，平均每年约 100 多件。[①] 根据乔治·普林的观点，从全球来看如果环境案件的受案数量标准每年 100 件，每年正常工作时间 240 天，那么就应该设立环境法庭了，1 起环境案件每 2.4 天。[②] 另外，虽然环境纠纷多，但相对来说，进入司法领域的环境案件并没有随之呈正比增长，其原因主要是中国政府基于维稳的压力从行政方面进行消解和司法救济的不足。行政消解虽然可以暂时解决人们的不满情绪，但这种只有在“出大事”的情况下才强行介入的方式，并不能真正实现公众的环境权益要求，在大量的情况下，只是进行简单的赔偿了事，污染和破坏仍然随着人们的生产和生活。法院司法供给的不足，导致的结果是法院对于环境案件找各种理由不予受理或对于环境案件不及时审结，案件受理进来后一拖数年，久拖不决。无疑环境审判机构的专门化，无论是在提供充足的司法救济还是定分止争方面都比传统法院具有优势。

2. 环境审判机构专门化是司法专门化的要求

设立专门法院或专门法庭，是法律现代化必然伴随的现象，是法律现代化的重要工具。因为现代化对法律提出了特殊的要求，传统的法院不

---

① 赵宇飞：《环保法庭守护绿树青山》，载《经济参考报》2017 年 6 月 19 日。

② 参见王树义：《我国环境司法专门化之必要性及可行性分析》，首届环境司法论坛论文集，昆明，2011 年 6 月，第 60 页。

能满足,就需要新的司法组织补充。专门法院可以在一个传统法院没有处理过的高度“政策性”或“专业性”的内容上或在法律及其实施显得过分僵化的领域显示优势。其设立目的是减轻一般法院的工作量并满足某些案件对于程序的特殊要求,提高在专业性较强领域工作的法官的专业知识水平。专门法院的意义就在于:通过使具有专门性知识或受过专门法训练的人出任法官来保证判决的一致性;通过程序的改革提供不同的判决形式,避免一些在普通法院看来难以避免的费用和耽搁;通过专业化提高政策性案件或专业性案件的效率。而且,专门法院的存在,对由于传统法的原因,普通法院难以进行的改革,提供了一个较好的试验场。可以说,建立专门法院既是出于保护特殊的价值的需要,也是对现有法院不足的反应。从我们第一章的分析来看,在特殊的领域设立专门审判机构是国外比较普遍的做法。在国内司法专门化的尝试从20世纪50年代开始就一直存在。20世纪50年代,建立了专门的铁路运输法院、水上运输法院。20世纪80年代,建立了专门的森林法院、海事法院。2000年,建立了专门的知识产权审判庭。另外,各地还有劳动法庭、金融法庭等专门审判组织的创新和实践。虽然这些实践的生命力长短不一,但也反映出在专业性较强的领域进行审判机构专门化的必要性。可以预见,随着社会纠纷的精细化发展和司法分工的细化,其他类型的专门审判机构还会出现。

环境法作为一种新型的法律,有其自身存在的逻辑和生命力,其法益的实现要求不同于传统程序保障的诉讼机制,而环境案件也具有不同于一般案件的特性,这都对法院提出了新的要求。这些特殊要求,传统法院难以做到,因而有必要设立新的审判组织。通过我们在第二章的考察,目前,美国、澳大利亚、新西兰、瑞典、孟加拉国、科威特、巴基斯坦和南非等国家和地区都设立了专门的环境法院或环境法庭,专门审理涉及环境保护的案件。设立专门环境审判机构以及成为国际环境司法发展的一种趋势。所以说,环境法院或环境法庭的设立符合司法现代化的要求,与我国的司法改革的方向是一致的,所以在我国设立专门环境审判机构在理论上是可行的。

3. 环境审判机构专门化是开展环境公益诉讼的要求

环境公益诉讼是指在任何行政机关或其他公共权力机构、法人或其他组织及个人的行为有使环境遭受侵害或有侵害之虞时，任何公民、法人、公众团体或国家机关为维护环境公共利益而向法院提起诉讼的制度。环境公益诉讼制度是为了解决对“环境”的损害的救济主体而确定的特殊制度，其不同于对“人”的损害的主体，两者不可相互替代。环境公益诉讼制度突破了民事责任的个人责任与个体补偿原则，体现的是环境法上的社会责任与公益补偿责任。其制度的核心在于协调对“环境”的损害与对“人”的损害的确认。环境公益诉讼是发挥公众环境保护主力军的基本途径。1998 年的《公众在环境事务中获得信息，参与决策，诉诸司法权利的奥胡斯公约》规定，“公众的环境知情权、决策参与权受到有关公共机构的不当处理时，有权诉诸法院和其他独立的公正的机构。”同时要求各国的“法律和制度必须保证这个问题是可诉的”。并且，“国家应该为这一权利的实现提供程序保证”。为此，英美法系国家依靠判例的形式形成和发展公益诉讼机制，并以适当的法律规定加以健全和完善，从而建立环境公益诉讼制度。大陆法系国家则针对行政机关滥用权力损害环境公共利益的行为，采取团体诉讼或客观诉讼的公益诉讼模式。正是鉴于环境公益诉讼对于环境保护的重大意义，2005 年 12 月 3 日国务院发布的国务院《关于落实科学发展观加强环境保护的决定》第 27 条中规定：“发挥社会团体的作用，鼓励检举和揭发各种环境违法行为，推动环境公益诉讼。”这为推动我国环境公益诉讼提供了政策依据。在各地纷纷实行环境公益诉讼实践的推动下，2012 年通过的《民事诉讼法修正案》第 55 条规定，对污染环境、侵害众多消费者合法权益等损害社会公共利益的行为，法律规定的机关和有关组织可以向人民法院提起诉讼，为环境民事公益诉讼提供了法律依据。2017 年修订的《行政诉讼法》规定人民检察院在履行职责中发现生态环境和资源保护、食品药品安全、国有财产保护、国有土地使用权出让等领域负有监督管理职责的行政机关违法行使职权或者不作为,致使国家利益或者社会公共利益受到侵害的,应当向行政机关提出检察建议,督促其依法履行职责。行政机关不依法履行职责的,人民检察院依法向人民法院提起诉讼,为环境行政公益诉讼提供了法律依据。但环境公益诉讼在我国有效的“落地”还有待于审判机制的创新,可以说环境审判机构专门化是发展环境公益诉讼的必要条件。

其一,环境审判机构专门化有利于落实环境公益诉权。环境公益诉讼是赋予公众诉权来保证的。但这种诉权无法在传统诉讼中得到体现,因为传统诉讼强调诉讼利益的直接相关性,在诉权上体现为必须要有实体法上的权利依据。这种理论适用于环境纠纷,却是明显的不妥。由于环境利益的扩散性,并非所有的被害者都能自觉地站起来为权利抗争,即使集团诉讼制度已被借鉴适用,相应的诉讼程序也被简化,但未必会出现众多起诉人。因为众多被害者对受害的反应不同,其放弃起诉的人占绝大部分。这样的后果是环境侵害者逍遥法外,而公众的环境利益乃至环境本身受到严重损害而无法恢复。要解决这一现状,必须赋予关心环境公共利益的“第三者”诉权。这种诉权具有“开放性”的特征,从而使对正当当事人的筛选和认可更加复杂。传统审判机构由于认知惯性和对传统案件审判环境的依赖,比较难接受“开放性”诉权,同时又由于审判任务的繁重,对于关系复杂、利益考量较多的环境公益诉讼则能推则推,总体而言,对受理环境公益诉讼并没有积极性。而专门的环境审判机构对环境公益诉讼有一种天然的亲切感,欢迎并鼓励环境公益诉讼是其展示存在价值和运行优势的主要渠道。某种意义上可以说,受理环境公益诉讼并进行展开是专门环境审判机构的主要职责之一。

其二,环境审判机构专门化有利于环境公益诉讼目的的实现。环境公益诉讼保护的是公共环境利益,并非私益诉讼上的私权。这种公共环境利益源于对人和自然关系的认识。人类是自然环境的产物,自然界中的物质循环和能量流动是人类生存的基本条件。虽然人类能够利用和改造自然，从自然界获得人类生存和发展的物质基础和活动空间，但自然环境仍有其自身的运动规律，不以人类的活动而停止运动；自然环境有其自身的价值，不以为人类提供物质基础作为唯一存在的前提。因此，人类要实现可持续发展，必须在符合自然规律的前提下进行。环境法的目的就在于协调人类与环境的关系，使人类按照自然客观规律开发利用环境。环境法的目的和环境问题的现实告诉我们这种环境公共利益就是人与自然的和谐相处，就是生态平衡。如果要以人类的利益形式加以衡量的话，那就是大多数人在良好的环境中生存和发展的权利不受侵害的普遍状态。所以对环境公共利益的判断可以从整体性和普遍性两个角度进行。而要做到这一点，就要求环境公益诉讼的审判机构具有可持续发展的环境观，认识到环境公共利益对于整个社会发展的极端重要性，对环境保护的公共政策和其他公共政策的关系有正确的认识，从而对环境法律关系所涉及的环境公益、其他公益、环境私益、其他私益在环境公平的理念下进行衡平并作出优位保护安排，而这是传统审判机构难以承载也难以实现的任务。专门审判机构在设立之初就是为环境保护而生，环境公共利益的维护自然就蕴涵在职能之内。

其三，环境审判机构专门化有利于协调环境公益诉讼与其他环境诉讼（主要是指环境私益诉讼）的关系。环境公益诉讼和环境私益诉讼在本质上没有区别，都属于环境诉讼，只是二者的着眼点不同，环境私益诉讼主要着眼于对人的损害预防和补偿，环境公益诉讼是在环境公共利益维护和保全的基础上发展起来的，其主要着眼点在于对于环境的损害行为的抑制和预防以及对环境公益行为的促进和鼓励。环境公益诉讼是基于诉讼资格社会化所提出的诉讼手段，其制度特殊性主要在于资格认定和相关配套制度，而大部分诉讼程序和制度与环境私益诉讼的程序和制度应当是共通的。而传统审判机构要么专注于私益保护，如民事审判庭，要么专注于对行政权力的审查，如行政审判庭，它们都不能做到对环境公共利益和私益的兼容审查。环境审判机构的专门化，则为环境公益诉讼和私益诉讼的程序、制度兼容提供了可能,有利于利益判断和程序适用内在标准的一致。

(二)实践回应

1. 关于法律依据问题

从目前我国的法律规定来看,中级以上人民法院设立专门审判组织(环保审判庭)是有一定法律依据的。这主要体现在《人民法院组织法》第23条第2款、第26条第2款、第30条第2款的规定,如第23条第2款规定,"中级人民法院设刑事审判庭、民事审判庭、经济审判庭,根据需要可以设其他审判庭"。第26条第2款、第30条第2款对高级人民法院、最高人民法院作了相类似的规定。这表明在中级以上人民法院可以在现行法律框架内专门设立环保审判庭。

目前有分歧的是基层人民法院设立环保审判庭是否有法律依据的问题。根据《人民法院组织法》第18条的规定,基层人民法院可以设刑事审判庭、民事审判庭和经济审判庭,没有提及可以根据需要设立其他审判庭。但法律也没有明确禁止基层人民法院设立其他审判庭,实际上给予了最高司法机构在机构设置上一定的灵活空间。行政审判庭就是明显的例子,法律也没有规定基层人民法院可以设立行政审判庭,但它目前已经在基层人民法院普遍地设立。而经济审判庭虽然有明确的法律依据,但由于对其受案和审理范围、程序缺乏清晰的界定导致被撤销。这说明最高人民法院可以根据审判工作的需要设立审判组织,如考虑到经济发展和对外开放中知识产权保护的重要性和知识产权案件的复杂性,2000年最高人民法院通过机构改革设立知识产权庭,专门受理知识产权案件。近些年来环境案件逐年递增,加上环境案件具有很强的特殊性、专业性,使环境审判庭的设立成为可能。2010年7月1日,最高人民法院公布了《关于为加快经济发展方式转变提供司法保障和服务的若干意见》,其中就规定,在环境保护纠纷案件数量较多的法院可以设立环保法庭,实行环境保护案件专业化审判,提高环境保护司法水平。2016年5月26日最高人民法院发布的《关于充分发挥审判职能作用,为推进生态文明建设与绿色发展提供司法服务和保障的意见》规定,按照审判专业化和内设机构改革的要求,立足本地经济社会发展、生态环境保护需要和案件数量、类型特点等实际情况,探索建立专门机构,明晰职责分工,打造既精通法律又熟悉环境知识的专业化审判团队。可以说,这为基层法院设立环保审判庭提供了支持。

另外在现行的法律架构下,基层人民法院环境审判组织的专业化也可以通过人民法庭的形式来实现。根据《人民法院组织法》第 19 条的规定,"基层人民法院根据地区、人口和案件情况可以设立若干人民法庭。人民法庭是基层人民法院的组成部分,它的判决和裁定就是基层人民法院的判决和裁定"。从目前人民法庭的设置来看,大多是地域性的派出法庭,但随着司法分工的细化,根据案件的性质而派生出专门的审判法庭是人民法庭发展的趋势。在这种趋势下,环保巡回法庭的设立可以就成为基层人民法院应对环境案件的选择。

2. 关于案源问题

环境法庭案源相对较少的问题,现行法律对于原告资格的规定是一个很大的限制。我国《民事诉讼法》第 119 条第 1 项规定:"原告是与本案有直接利害关系的公民、法人和其他组织。"第 55 条第 1 款规定:"对污染环境、侵害众多消费者合法权益等损害社会公共利益的行为,法律规定的机关和有关组织可以向人民法院提起诉讼。"那么,公民提起环境民事诉讼,《民事诉讼法》强调的是,起诉资格必须是"与本案直接利害关系",也就是说,依照《民事诉讼法》提起的环境民事诉讼必须是那些人身或财产权益直接受到他人民事行为侵害的人。这显然对环境民事侵害的受害人十分不利,因为他们遭受的很多环境侵害是"间接的"和"无形的"。环境损害不是致害人直接作用于受害人,往往通过环境介质,如大气、水、土壤等载体间接作用于受害人,而且大多数情况下不是立即作用,通常要经过一定时间的积聚、累变、富集,才能真正导致受害人损害结果的发生,而为受害人所察觉。按照传统民事诉讼理论,有资格提起民事诉讼的必须是与诉讼有直接利害关系的人,而环境损害的受害人并不直接受害,而是通过环境被污染或破坏间接受害的;同时,由于环境权在我国并未得到实体法承认,一些环境利益并未明确为法律利益,环境权益受害人会因欠缺实体利益而不能形成民诉法上的“直接利害关系”。《行政诉讼法》比《民事诉讼法》规定的起诉资格宽松些,只要原告认为具体行政行为侵犯了其合法权益,即具备了起诉资格的要件。[①] 但是,根据对《行政诉讼法》第2条第1款规定的理解,其规定中的“依照本法”包含两层含义:首先,有权提起诉讼的公民、法人或其他组织,应当依照《行政诉讼法》所规定的受案范围提起诉讼;其次,应当依照《行政诉讼法》所规定的起诉资格要件提起诉讼。然而,根据行政法理论,作为《行政诉讼法》第2章规定的受案范围的原告,应当是该法所列举受案范围内的行政管理相对人。这样就限制了第三人的诉讼权利,会出现具备资格的原告出于正当或至少表明上情有可原的理由,不愿诉讼直接追究到自己身上来,或者在传统适格原则下,并不存在被公认符合资格条件的原告的情形。假设政府机关不批准某公司排放有害气体,或不允许其用有毒物质作食品着色剂,这种情况下,该公司明显具备与行政机关进行争诉的资格。但是,如果给予了许可,个人就很难获得向法院申诉行政机关违法决定的机会,使自己应有的呼吸清新空气和享用纯净食品的法律权利受到侵害。同时,根据我国《行政诉讼法》规定,只有与具体行政行为有法律上利害关系的人才可能提起行政诉讼,也就是说,被诉具体行政行为必须影响到原告的合法权益。但是,在因环境利益而引起的环境行政争议中,对环境造成影响的具体行政行为并不必然牵涉环境受害人的财产或人身利益,如果一味强调“法律上的利害关系”,环境受害人就会无法提起环境行政诉讼。同样,基于这样的规定,即使是在《民事诉讼法》和《行政诉讼法》修改以后,无论是公民

---

① 《行政诉讼法》第2条第1款规定:“公民、法人或者其他组织认为行政机关和行政机关工作人员的具体行政行为侵犯其合法权益,有权依照本法向人民法院提起诉讼。”

提起环境民事公益诉讼还是行政公益诉讼都没有明确的法律依据,这也直接导致环境法庭受案量的另一支柱缺失。

环境案件受案率低的另一个原因是公民、行政机关运用司法手段来保护环境资源的动力不足、意识不强。由于环境案件往往是累积性、扩散性案件,很多环境受害者往往开始对损害习以为常,后来就希望政府出面或希望他人出头提起损害赔偿,有种"搭便车"心理,再加上环境案件取证难,取证、鉴定需要一定的财力、物力予以保证,更加影响了诉讼的形成。而环保行政机关对污染企业,若不是各种行政手段都穷尽,绝不会轻易采用诉讼途径去解决。虽然环保法庭的产生是致力于通过司法手段来解决环境纠纷,但由于其本身是新生事物,也影响了受案量。正如无锡市中级人民法院环保审判庭庭长赵卫民所说,"目前有一部分案件可能是由于公众对于环保案件的不了解而没有进入审判系统中,还有一部分案件可能是由于行政机关对环保审判作用了解不全面,仍然在环境执法过程中孤军奋战。这需要唤起公民、环保组织和行政机关的环境维权意识,使潜在的环保案件尽快进入审判系统"。①

可以说,随着我国对环境公益诉讼的认可和诉讼资格要件的调整,随着人们环境意识的提高和环境观的改变,环境案件的增多是必然,从近几年环境案件进入司法审判的实践看,环境案件的数量正在逐步的增长,目前环境案件相对较少正可以给我国目前还处于起步阶段的专门审判组织和环境法官一个缓冲的时间提高环境保护理论素养和环境审判水平。

3. 关于环境公益诉讼问题

目前实践中环境公益诉讼遭遇困难,主要是两个问题,一是规则供给不足,二是起诉人缺乏。虽然在《民事诉讼法》修改后,环境民事公益诉讼不再有法律依据的困扰,但如何进行却没有统一的规则支持。先行进行环境公益诉讼探索的无锡等地制定了一些地方性规范,但都由于地域

---

① 陈媛媛:《环保法庭 期待打破发展瓶颈》,载 http://www.cenews.com.cn/xwzx/fz/qt/200809/t20080924_590078.html,最后访问日期:2012 年 7 月 6 日。

性所限而导致差异性。2015 年最高人民法院在各地实践的基础上出台了最高人民法院《关于审理环境民事公益诉讼案件适用法律若干问题的解释》,但对于司法实践过程中碰到的众多法律问题仍然有待解决。不过,规则供给不足问题并不是不可解决的问题,一是地方性规范除了差异性外还具有共通性,如对环保团体公益诉讼人的认可。二是从 2011 年开始每年一届由具备了一定环境审判经验的法院所举办的环境司法论坛为环境公益诉讼规则的趋同提供了交流平台和实践基础。三是最高人民法院每年发布的典型案例和指导性案例,中就包含了大量的公益诉讼案件,在一定程度上弥补了规则供给不足。针对环境司法过程中出现的事实认定、法律适用、裁判方式等方面的新问题,最高人民法院以发布典型案例方式予以指导。① 针对环境法律适用中的重大问题,最高人民法院采取发布指导性案例的方式,对同类案件的审理予以具有一定裁判拘束力的指导。② 这些案例为司法实践提供了参考依据,也直接推动了相关制度的法定化。

目前法律所认可的环境公益诉讼的适格原告中,最有热情和能力的是环保组织,他们应该是提起环境公益诉讼的主要力量。但是,我国环保团体在很多情形下有心无力,是环境公益诉讼起诉人缺乏的主要原因。截至 2016 年年底,我国生态环境类组织共有 6444 个,其中社会团体 6000 个,民办非企业单位 444 个。③ 由这些数据可以看出,进行注册登记的环保组织数量不少,但提前公益诉讼的环保组织数量极少,2013 ~ 2015 年有 13 家环保组织参与环境公益诉讼,④2015 年有 45 家环保组织参与环

---

① 吕忠梅、张忠民:《环境司法专门化与环境案件类型化的现状》,载《中国应用法学》2017 年第 6 期。

② 同上。

③ 曹海林、王园妮:《"闹大"与"柔化":民间环保组织的行动策略——以绿色潇湘为例》,载《河海大学学报》(哲学社会科学版)2018 年第 3 期。

④ 栗楠:《环保组织发展困境和对策研究——以环境民事公益诉讼为视角》,载《河南大学学报》(社会科学版)2017 年第 2 期。

境公益诉讼。[①] 主要由于一是根据现有环境保护法规定，社会组织除依法登记注册外，必须在专门从事环境保护公益活动连续5年以上且无违法记录才能具备公益诉讼起诉资格，这导致即使注册了但能够具备诉讼资格提起公益诉讼的环保组织不多。二是根据目前的社团管理规定，在同一行政区域内不允许成立相同性质的社会团体，任何社会团体只能在登记机关的管辖范围内活动，不得设立地域性的分支机构，这使环保团体缺乏一种健康成长的竞争环境，也使其成为政府环保的附庸，难以发挥主动性。所以，只要放宽对环保组织的资格认定和活动管理，环境公益诉讼起诉人缺乏问题就会迎刃而解。

4. 关于管辖问题

在现存体制下，管辖问题也可以得到基本解决。在级别管辖方面，考虑环境案件仍然有性质和程度的区别，所以现行级别管辖的原则仍然是适用的。在本辖区有重大影响的环境纠纷案件则由中级以上人民法院管辖，一般环境案件由基层人民法院管辖。考虑到不同地区的环境案件的数量是有差别的，并不是每个基层法院都会有相当数量的环境案件，也就是说不是每个基层法院都需要设立专门审判组织。在某个中级人民法院管辖区域内环境案件数量较多的一个或几个基层法院设立环境审判庭，并由中级人民法院指定其他县市环境案件由其管辖，进行巡回审判。而中级以上人民法院都应设立环境审判庭。在地域管辖方面，对于同一地区的环境案件的地域管辖，可以继续适用现行的管辖规定。对于跨行政区域的流域环境纠纷、特殊区域环境纠纷，可以考虑设立流域环保法庭、特殊区域环保法庭，集中管辖该流域或特殊区域的环境案件。有流域管理机构、特殊区域管理机构的，该环保法庭设立在管理机构所在地的中级人民法院；没有管理机构的，在省域范围内由高级人民法院决定设立地和所属法院；跨省的，由最高人民法院决定设立地和所属法院。对于其他跨

① 栗楠：《环保组织发展困境和对策研究——以环境民事公益诉讼为视角》，载《河南大学学报》（社会科学版）2017年第2期。

行政区域的环境案件,由于缺乏经常性,可以考虑在省域范围内,由高级人民法院来指定管辖的环保法庭;跨省的,由最高人民法院指定管辖的环保法庭。

在环保审判庭普遍设立后,将所有的环境案件都纳入环保法庭的受案范围,从而解决原来环保法庭在受案范围上各有侧重从而出现割裂环境案件管辖的问题。具体而言,为了保证环境案件的统一性,下列案件可以明确为环保法庭的受案范围:环境民事诉讼、环境行政诉讼、环境刑事诉讼、环境公益诉讼以及有关与环境保护相关的行政裁决执行。

5. 关于诉讼成本问题

为了解决环境诉讼高昂的诉讼成本问题,在实行环境审判组织专门化的地方也进行了一些探索。如在云南,在诉讼受理费方面,对检察机关、环保行政机关提起的环境公益诉讼,不收取诉讼费;对环保团体和个人提起的诉讼,可酌情适当收取以防止滥诉,但也应尽量减免。在缴费时间上,可以先受理,后收费,并考虑判决时从总赔偿额中给予原告适当补贴和奖励。对鉴定费,各级人民法院的共识是可判决由败诉方承担。昆明甚至率先制定了《昆明市环保公益诉讼救济基金管理办法》(以下简称《办法》),成立了“环境公益诉讼救济基金”。根据《办法》,昆明市政府建立专项资金,对环境公益诉讼案件实施救济,对涉嫌侵害环境的行为提起公益诉讼时,诉讼者每案最高可获 20 万元的专项救济。救济资金的救济对象为提起环境公益诉讼的单位、环保组织,以及无财产可供执行的环境侵权案件受害人三类。救济基金的来源,为政府拨款、社会捐助、追缴污染侵害的赔偿等。

从地方性的探索可以看出,只要对现行诉讼费用制度进行适当调整和补充公益诉讼的诉讼费用收费规则,诉讼成本问题也是可以解决的。一是降低受理费标准。环境审判除解决当事人的利益纷争的同时,更注重于公共利益的维护和政策形成效果的达成。一般来讲,在公共成本的分担上,成本政策的有效性在于能否诱导人们利用审判的行为向所希望的方向集中。传统诉讼的诉讼费用的征收具有抑制当事人滥诉的意义，用当事人承担较高的公共成本来警醒当事人在提起诉讼时谨慎从事。而环境诉讼，尤其环境公益诉讼却需要鼓励更多的人来提起，因而当事人应当承担较少的公共成本。更重要的是，环境审判外部性效果的彰显，表明国家或公众能够通过环境诉讼享受更多的社会性利益，所以国家负担环境诉讼中较多的公共成本具有合理性，也符合受益者承担的一般原理。如果当事人积极利用审判和诉讼活动能够给社会带来一般的利益，由国家负担相当一部分费用的政策应当可以得到广泛支持。所以在环境诉讼中，受理费的标准应该降低，实行按案件性质收取的政策。对于环境公益诉讼案件，则应以免收受理费为原则。二是改变诉讼费用预交规则。诉讼费用预交规则阻碍了当事人提前环境诉讼尤其是环境公益诉讼的愿望，应当改为诉后收取，从而减轻起诉人的诉讼负担。三是确立保护性的诉讼费用分担原则。在环境诉讼里，由于法律规定的模糊性、案件涉及诸多利益冲突和价值冲突，当事人是否享有权利或者说是否能有胜诉的预期带有很强的不确定性，如果坚持败诉者承担，当事人往往担心承担双重成本而不愿将环境纠纷付诸诉讼，尤其涉及较强公益性案件更是这样。因此，环境诉讼应当设立特别的诉讼费用分担制度以促进环境诉讼的进行。对于环境公益诉讼，设可立环境污染者或破坏者承担的收费原则，在原告胜诉的情况下，被告承担全部诉讼费用，而原告败诉则不存在承担对方诉讼费用情况。四是建立环境公益诉讼救助制度。这主要是解决环境公益诉讼鉴定费高的问题，通过政府拨款和抽取一定比例的公益诉讼赔偿款项等建立环境公益诉讼救助基金，对公益诉讼提起人进行补偿，以保证公益诉讼不因成本问题而受阻。当然鉴定费问题还需要我国建立规范、高效的鉴定机制，降低鉴定费用。另外对于律师费问题，应当被视为诉讼费用的一部分来通过诉讼费用分担机制来解决，同时还可以通过“公益律师”建设减免代理费来解决环境公益诉讼的律师费用问题。

6. 关于专业法官问题

专门化环境审判机构的顺利运行需要专业的环境法官。环境法官既要有着正确的环境观，能够以"可持续发展"理念来指导对环境案件所涉及的各种利益关系的审视，又要有较高的专业素养，对环境问题、环境保护和环境法有较深认识，能够适应环境纠纷案件审理的特殊性。目前，环境法官的缺乏是一个事实，但却不意味着它不可改变。专门环境审判机构和环境法官是共生共荣关系，专门环境审判机构为环境法官的成长、成熟提供平台，所谓实践出人才，环境法官的成长、成熟又保证专门环境审判机构的良性运行。虽然目前大多数环境审判机构的法官都是从传统审判组织的法官中选拔而来，他们或许现在对环境案件还有着环保专业知识背景的缺乏甚至陌生的困难，但可以相信，随着他们审判实践的深入，他们中间的一大部分会成为优秀的环境法官。而实际上他们也有这样的愿望，从 2011 年起法院系统组织的每年一届的"环境司法论坛"已经成为环境法官、学者交流环境司法理论和实践经验从而促进环境审判专门化的一个平台。法院系统也在对法官的专业能力素质提升积极地进行培训，如 2014 年 11 月及 2015 年 5 月，最高人民法院两次对全国的环境法官进行了培训；2016 年最高人民法院环境资源审判庭先后与国家法官学院共同举办 3 期全国环境资源身披业务培训班，①另外中国政法大学、武汉大学等高校每年进行的环境法官培训项目则使环境审判组织的法官的理论提升成为可能。

与此同时，环境审判机构的法官来源也逐渐专业化。随着"环境与资源保护法学"成为高等学校法学专业的核心课程和环境与资源保护法学硕士、博士培养力度的加强，具有环境法专业素养的法学人才为环境法官的遴选提供了人才保障。

可以说，只要形成了成熟的环境法官培养、选拔机制，再配套环保专

---

① 吕忠梅等：《中国环境司法发展报告》（2015 ~ 2017），人民法院出版社 2017 年版，第 23 页。

家辅助审判制度，专门环境审判机构的“人”的问题就不是问题。

（三）结论

虽然环境审判机构的专门化在理论上还有一些争议，在实践上遭遇一些困难，但从我们的分析可以看出，它是环境司法发展的基本趋势，是实现环境公平和环境正义的要求。对环境审判机构专门化必要性和可行性的怀疑由于拘泥于传统审判机制框架而在理论上缺乏足够说服力的论证，在实践上也被全国各地环保法庭的纷纷成立而击破。而环保法庭在实践中遭受的问题是没有在中央层面进行统筹制度安排的结果，是环境司法地方化创新的副产品。这些问题不是决定环境审判机构是否要专门化的根本性问题，而是环保法庭发展中的“过河性问题”，它们可以通过法律调整和制度革新来解决。最新的数据表明，部分法院拒为涉环境诉讼立案，将矛盾推上街头，[①]传统审判组织在某种意义上已经成为环境保护司法保障的障碍。因此，环境审判机构的专门化，不仅解决环境纠纷程序保障机制的实施问题，也会将传统审判组织从困境中解脱出来，形成多元化的审判体系，以应对不同纠纷解决的需要。所以，专门环境审判机构不是该不该设立的问题，而是以什么样的形式设立，设立多少以及建立健全相关运行机制的问题。

第二节 我国环境审判机构专门化的路径选择

一、理论界的建议与实践中的选择

（一）理论界的建议

对于环境审判机构的专门化以何种形式来体现，在理论界还没有达

---

① 佚名：《部分法院拒为涉环境诉讼立案 将矛盾推上街头》，载《新京报“社论”》2012年10月28日。

成共识,还存在多种方案。概括而言,主要是3种:

(1)环境审判机构专门化多种形式并存。主要以蔡守秋教授的观点为代表。他提出了建立5种环保法院(庭)的建议。第一种是设立专门的环境法院。我国已先后建立过军事法院、海事法院、铁路法院、农垦法院、林业法院、石油法院等专门法院。目前在我国设立专门环保法院还缺乏法律依据。蔡守秋建议,由全国人大环境资源保护委员会会同最高人民法院、环境保护部等有关部门,研究起草有关设立环保法院的决定,明确规定环保法院的组织和职权等问题和事项。第二种是发挥现有专门法院在审理环境纠纷案件方面的作用。对于森林法院、农垦法院,应该珍惜和保留这些法院在保护林业生态、湿地生态方面的传统特点、经验、知识和资源,根据环境、资源、生态保护的需要,将它们改造为更具有专业特色、行业特色和地域特色的生态法院或环保法院,充分发挥它们在环境、资源和生态保护方面的作用。对于海事法院,扩大海事法院受理环境案件的范围和内容,增加有关海事法院审理环境纠纷案件的内容。第三种是在有条件和有需要的中级、高级人民法院以及最高人民法院设立环保法庭。为了与现行法律相协调,目前应以在中级以上人民法院设立环保法庭为宜,可暂不考虑在基层人民法院设立环保法庭。第四种是设立人民环保法庭。在我国基层人民法院设立人民环保庭。第五种是设立环保合议庭。针对环境纠纷案件的特点、复杂性和专门性,在现有各级人民法院和专门法院审理环境纠纷案件时,尽可能地组织环保合议庭。①

(2)将环境案件纳入海事法院审理,从而实现专门化。② 这种观点认为,海事法院没有按行政区域设置,具有较强的独立性,也为处理跨区域案件积累了经验,而环境案件往往具有跨区域性,且较多受地方保护主义限制;海事法院主要审理海事、海商案件,所受理十大类海事侵权纠纷案

---

① 蔡守秋:《关于建立环境法院(庭)的构想》,载《东方法学》2009年第5期。

② 陈媛媛:《如何以司法手段保障环境权?》,载《中国环境报》2008年9月19日,第3版。

件中，其中本身就包含诸多环境案件，如“船舶排放、泄漏、倾倒油类、污水或者其他有害物质，造成水域污染或者他船、货物及其他财产损失的损害赔偿纠纷案件”，这保证了审判组织和法官的专业性。另外，根据最高人民法院《关于海事审判工作发展的若干意见》，各海事法院要充分发挥海事法院跨行政区域设置的优势，充分利用专业特长，积极支持环境保护公益诉讼。这也表明环境公益诉讼也是海事法院的管辖范围。广东首例环境公益诉讼案件就是在广州海事法院提起并审理的。因此，将有关涉海环境案件和流域环境案件应该交由海事法院专属管辖。这种主张对与环境保护相关联的专门法院进行改造后来承担环境案件专门审理的思路，实际上还体现在将某些地区的林业法院进行生态化改造的建议。

(3)在现有法院体系内设置专门的环保审判庭。大部分赞同环境审判机构专门化的我国学者都持这种观点，但在具体路径上也有分歧，基本上可以分为三种主张。

第一种主张认为，应当建立以中级人民法院为核心的环境审判机构体系。这种观点认为，应该在全国的中级法院设立环保法庭，《人民法院组织法》第23条第2款规定“中级人民法院设刑事、民事、经济审判庭，根据需要可以设其他审判庭”。可见，在中级人民法院设立环保审判庭有法可依，可操作性强，能够有效地整合现有的司法资源，最大限度地节约环境审判机构设置成本，同时，基于我国各地域在环境保护方面的不同特点，如我国江浙等经济发达地区，其工业化程度高，因此环境污染问题形势堪忧，仅仅在中级人民法院设置环境审判庭不足以解决日益增多的环境纠纷案件，故依据具体情形，可在县一级设立环境审判合议庭来进行环境案件审理，并在环境审判合议庭建设中，注意吸收环境保护专家和环境法专家参加，这样可以提高法院审理环境纠纷案件的有效性。[①]

第二种主张认为，环境审判庭应当从基层法院设起，基层法院环保庭

① 郑艺群：《环境审判制度初探》，载《东南学术》2010年第5期。

是环境案件审理的主力军。当下社会,环境侵权纠纷频繁发生,已经从以前的特殊和例外变成最为常见的社会纠纷的一种,理应作为第一审案件由基层人民法院受理,环保法庭的成立的预期也是构建一种长效机制以处理频繁涌现的多种多样的环境纠纷,这是一种客观的社会需要,这种社会压力为《法院组织法》以及相关法律提供了自我矫正的要求和契机。因此,虽然法律没有明确规定基层法院可以设立环保庭,但根据现实的需要和环境审判的实践应当从基层法院起设立环保审判庭。①

第三种主张认为,环保审判庭应以局部试点为主。环保审判庭的设立更多的是彰显了一种象征意义——某些环境污染严重地方的人大、政府、司法系统等治理污染、保护公民生存环境的决心。环保审判庭在环境公益诉讼基本无法律依据、环保社团力量小、机关和群众环境公益意识淡薄的情况下,不仅难以通过这种诉讼最终达到环保的目的,就连启动审判程序也会遇到诸多困难。又由于环保审判庭在管辖范围方面与传统审判庭的差别并不大,且在现行情况下,地方政府还不能抵得住经济发展的诱惑力;所谓希冀通过环保审判庭破解地方保护主义的迷局,还是一种理想的状态。因此,现阶段还不宜在各地广泛设立环保审判庭,但可以在污染问题较为突出,群众受影响较大的地区设立一些,突破现有法律的束缚,超前地解决一些环境问题;环境问题尚不突出的一些地区,则可以视情况在当地基层法院成立环保巡回法庭或环保合议庭,机动地解决一些有关环保的行政案件,以免出现设立环保审判庭所带来的成本大、收效小的情况。②

(二)实践中的选择

在理论界的三种主张中,蔡守秋老师的主张知名度最高,经常被其他

---

① 黄莎、李广兵:《环保法庭的合法性和正当性论证——兼与刘超博士商榷》,载《法学评论》2010 年第 5 期。

② 徐寅杰:《我国环保审判庭设立依据、现状及建议》,载《江苏警官学院学报》2009 年第 4 期。

学者所引用。这种主张的意义就在于从不同层次对环境审判机构的专门化进行了设计,从而为学者们从不同的角度深化环境审判机构专门化的讨论提供了空间和思路。而其主张本身,由于没有注意到不同层次专门环境审判机构的关系由此会带来管辖的混乱和审理的不统一,使其更多地具有理想化色彩,体现为一种框架性建议。第二种改造海事法院乃至其他专门法院来实现环境审判机构专门化的思路在理论界的认知度较低。这种主张是在我国没有环境法院的前提下期望借助已有法院资源从而实现环境审判的专门化和独立化,建立我国的环境法院系统。可以说,这种方案具有一定程度的可行性,不需要对现有法院体制作出大刀阔斧式的改革,不过也面临相关法律的修改问题。但更实际的问题是,这些专门法院虽然与环境保护相关,但承担的不完全是环境审判任务,如海事法院更主要的是承担海事和海商案件,这决定了其审理环境案件专门性承担的降低,而且这些专门法院由于受地域性和专业性的限制,只能解决局部地域环境纠纷案件的处理问题。在环境污染、环境破坏已经波及全国大部分地区的情形下,在环境纠纷已经成为我国的一种主要社会纠纷的情形下,局部的专门化改造不太适应环境司法的发展需求。第三种主张的共识度最高。我国很多环境法学专家就认为,考虑到立法和司法体制的现实情况,在中国设立环保法院的时机尚未成熟,环境审判机构专门化应先从环保法庭来突破。[①] 这种主张虽然并不是完全意义上的专门化,而且也还存在对于在哪些地域、哪些层级设立环保法庭还有分歧,但鉴于我国的现实情况,普遍认为相对于其他方案,设立环保法庭更具适用性和现实性。

从环境审判机构专门化的实践来看,各地选择的都是第三种路线,成立不同形式的环保法庭,包括环境审判庭、环保巡回法庭、环境审判合议庭等。在设立的层次上也呈现出各有特色,有的形成了从基层到高级法

---

① 陈媛媛:《环保法庭缘何门庭冷落》,载《中国环境报》2008 年 9 月 25 日。

院的环境审判系统,有的仅在基层法院设立,有的仅在中级法院设立等。实践中的这些做法实际上是在面临严重环境危机和环保压力增大下,既不至于突破现有的法律规定,又要解决传统审判机构不能有效解决的环境纠纷处理的要求下各地的司法改革探索。这些探索为实现我国的环境审判机构专门化提供了宝贵的经验,但与此同时,由于这些探索的地方化和多样化,又出现了环境司法保护的不统一、不平衡。

那么,在理论上有不同主张、实践中有不同做法的情形下,要实现环境司法的目标,环境审判机构的专门化应秉承什么样的建设路线呢?

二、近景:环保审判庭的建设

我们已经知道,在当前环境纠纷大量发生而司法解决机制不畅的情况下进行环境审判机构的改革及环境审判机构的专门化是必然的选择。但是从我国法治建设水平和司法体制改革进程来看,环境审判机构专门化不可能一蹴而就,而是一个长期的稳步推进的过程。对此我们必须保持谨慎的态度,既不能因为保守而错失环境司法改革的机遇,也不能因为冒进而打击环境司法改革的良好势头。环境审判机构的专门化有一个从专门法庭走向专门法院的过程,综合考量各种因素,我们认为现阶段环境审判机构专门化最为合适的是推进环保审判庭的建设和运行。

之所以持这样的观点,是因为:

第一,现行法律为环保审判庭的建立提供了一定的张力。根据我们上面的分析,《人民法院组织法》的“根据需要,可以设立其他审判庭”的规定为环境审判庭的设立提供了法律依据,现实中海南、云南、贵州、江苏等地的环保审判庭都是根据该规定设立的。而基层法院虽然设立环保审判庭没有明确的法律依据,但在我国的现有审级及管辖制度下,顺应上级法院的机构改革,下级法院的调整也是符合司法运作的基本规律的。实际上,行政审判庭的设置就是在这样的司法规律下进行的。所谓“名不正,则言不顺”,解决了环保审判庭的合法性后,就具备了环境司法改革的平台。

第二，环保审判庭为环境司法的专门化提供了可能。将环境审判机构专门化，不仅仅是因为环境纠纷数量的增加，而是基于环境纠纷司法解决的特殊性和专业性要求。或者说，专门环境审判机构是实现环境司法专门化的载体。环境司法专门化所要求的审判理念的改变，有关管辖、受理范围、审理程序、证据规则乃至诉讼激励规则的调整和实施只有在专门的审理机构的运作下才能实现。在现有体制下，环保审判庭是专门化程度较高的审判组织，具有相对的独立性，业务集中，人员也比较稳定，能够在法定范围内获得所在法院或上级法院的授权下进行相关诉讼规则的调整，能够对所受理、审理的案件进行相关操作规程的构建，能够进行一些司法创新制度的探索。

第三，建设环保审判庭的成本较小、障碍较小。相对于环境法院，环保审判庭无论是在理论界还是实践界，接受度都比较高。环保审判庭的设立，在理念上已经没有障碍。同时，由于环保审判庭是法院的内设机构，在机构的设立、人员的组成上也相对比较简单，其耗费的时间成本、经济成本相对较小。

第四，环保审判庭有利于环境法官的培养。环保审判庭作为具有编制的正式审判机构，能够吸引一定的法官专门从事环境案件的审理和研究，从而从实践中培养出具有先进环境保护理念和环境司法能力的环境法官。

第五，环保巡回法庭、环保合议庭等形式的专门化程度不够。相对于环保审判庭，目前符合现行体制并在实践中有所运用的环保巡回法庭、环保合议庭等形式的专门程度较低，难以起到承载环境司法专门化的效果。环保巡回法庭属于人民法庭性质，主要处理的是争议较小的民事案件，不能审理刑事案件和行政案件。并且，很多环保巡回法庭成立之初的目的是对环境行政执法进行司法保障。这样，环保巡回法庭就难以实现对环境案件的集中审理和专门审理。而环保合议庭的专门化程度就更低了，其人员可能来自不同庭室,组织松散,为某一案件临时组成,随着案件的审理结束而解散,因而既难以形成法官的环境保护思维,也难以处理那些涉及交叉法律关系的环境案件。

因此,环境审判机构专门化的近期目标是在各地环保法庭试点的基础上在全国建立起成制度化的环境审判庭系统。该审判系统既要考虑到环境案件的普遍性、专业性,又要考虑到我国的"两审终审制"的审级要求和级别管辖、地域管辖的管辖要求。具体而言,在该系统中,高级人民法院、最高人民法院均设立环保审判庭,主要负责对本辖区内的环境审判指导和保证环境司法的统一,同时也承担少量的一审案件和上诉案件。在中级人民法院普遍设立环保审判庭,承担本辖区内的较为重大环境案件的一审和基层人民法院审理的环境案件的二审工作,当然在环境保护较好、环境案件数量很少的地方,也可以由高级人民法院根据生态环境区域情况指定某个中级人民法院成立环保审判庭并划定管辖区域。在基层人民法院层次,则并不是每个基层人民法院都要设立环保审判庭,而是根据环境案件的数量和环境保护的任务在中级人民法院辖区内的一个或几个基层人民法院设立环保审判庭,负责指定区域内的一审环境案件的审理工作。另外,考虑到流域环境保护的连锁性、生态性和整体性,可以在跨设区的市以上行政区域的流域设立流域环保审判庭。具体而言,在省级行政区域内的流域,可由流域所在地的高级人民法院指定流域范围内的某个中级人民法院设立流域环保审判庭,承担整个流域的环境案件的审理工作。对于跨省的流域,则可以根据流域环境保护的情况和环境司法任务的轻重由最高人民法院指定流域所在地的一个或几个中级人民法院设立流域环保审判庭,承担所指定区域内的环境案件,其上诉法院为所属的高级人民法院,如果建立了几个环保审判庭的,对于跨区域的流域环境案件,则根据"先受理原则"确定管辖法院。如果该流域通江达海,设有海事法院的,则在该海事法院设立环保审判庭,负责该流域的一审环境案件,不再在其他中级人民法院设立环保审判庭。

环保审判庭成建制的设立是在现行体制下为适应环境保护的司法保障要求的创新，它在体制内最大限度地满足了环境审判机构专门化的要求。但我们也知道，它并不是环境审判机构专门化的最佳形态。因为环保审判庭设立在传统的法院体制内，必然受到传统司法思维和司法运作方式的掣肘。比如，现有司法环境下地方保护主义对环境审判的干预和影响仍然会存在；对于重大疑难案件，环保审判庭的判断要受到审判委员会的决定的干预；环保审判庭可能要承担在某个政治任务压力下的其他审判工作和非审判工作；环保审判庭的法官由于其审理面的专业性而带来升迁难问题；相对于传统审判庭的法官，环保审判庭的法官的工作压力更大，传统审判庭的法官处理的案件具有单一性，要么是刑事案件，要么是民事案件抑或是行政案件，而环保审判庭的法官则要处理不同性质的环境案件，甚至包括民、行、刑交叉案件。

这些掣肘可能导致环保审判庭的运作和法官的心理受到影响，使专门化的效果要打折扣，但可以说，环保审判庭的建制化，不但适应了现阶段环境纠纷司法解决的要求，而且对于环境审判机构专门化的最优形态即未来的环境法院的建设有着重要意义。

第一，环保审判庭的设立及运行，打开了环境司法的大门，促使大部分环境案件的解决进入司法轨道，能为环境法院的设立形成了客观要求。自1996年以来，环境群体性事件一直保持年均29%的增速；但真正通过司法诉讼渠道解决的环境纠纷不足1%。① 司法作为纠纷的终极解决手段，能避免矛盾久拖不决；法院作为超然于当事各方的中立机构，有助于绝缘官民之间的直接冲突。但长期以来，司法在解决环境问题中的作用并不大。其重要原因就是司法救济机制不畅、司法救济成本过大。环保审判庭的成立就志在解决这一问题，通过对环境案件的公正、及时审理，发挥专门机构环境审判的鲶鱼效应，将那99%的人吸引回到法庭上解决

---

① 佚名：《部分法院拒为涉环境诉讼立案　将矛盾推上街头》，载《新京报"社论"》2012年10月28日。

问题。实际上,在司法渠道中解决环境纠纷问题,是符合公民、企业和政府各方利益的矛盾解决方式。随着环境案件数量的增多,隐藏在环保审判庭后面的传统司法体制的矛盾就会显露出来,从而最终促进环境法院的产生。

第二,环保审判庭的运作,能提高环境司法权威,促进人们观念的改变,从主观上接受环境法院的组织形态。环保审判庭集中管辖环境案件,能够有效解除过去法院对环境案件的推诿、拖延态度;环保审判庭秉承环境保护理念审理环境案件,对"经济发展优先"的惯性思维形成一定的抑制;环保审判庭以专业的审理解决专业性纠纷,保证环境公正的实现等。环保审判庭这些优势的发挥,最终能够提升专门环境审判机构的司法权威,并随着人们环境观的改变,对环境法院的出现抱有更大期待。

第三,环保审判庭的运行,能为环境法院的制度建设提供可资借鉴的经验。环保审判庭的设立并不是简单地抽调几个法官组成一个机构了事,而是要通过从操作规程到诉讼程序方面的制度创新来实现对环境案件的集中、专业审理和促进环境公益诉讼制度的形成。这些制度创新在实践中证明是成功的,可以直接援用到环境法院的制度体系之内。而环保审判庭运行过程中所体现出的问题也使环境法院的制度建设更具针对性。

第四,环保审判庭的运行,能为环境法院提供宝贵的人才储备。环境司法改革目的的实现,最终是法官这个因素起决定作用的。环保审判庭的实践能够培养真正意义上的环境法官,从而也就为环境法院提供了必备的人才基础,也才使环境法院的良性运行成为可能。

三、远景:环境法院的蓝图

环境审判机构专门化的理想形态是建立环境法院。即使现在我国还缺乏建立环境法院的法制条件和现实条件,但它作为环境审判机构专门化的发展方向,也终将在我国落地生根。这既是"接近正义"的要求,也是环境审判庭内生性缺陷的要求。接近正义观认为,“要建立一个能真正实现个人权利的公共裁判机关,不是靠一般的仲裁或调解,而是在每个专门领域都需要有特定的解决方法。因此,接近正义改革的重要任务,是在保障正规法院功能的同时,建立专门法院制度。这种制度积极鼓励人们提出诉讼请求,并让人们享受到先进的实体法所带来的利益”。[①] 环境法是20世纪60年代才产生的新型部门法,其以维护生态平衡和保护环境为己任,其本质是社会法。环境法所确认的权利形态——环境权还是一种处在形成之中的权利,它有的子权利已经获得法律承认,有的子权利还是一种应然权利。环境权所包含的利益是多重的,其实现目的既是为了当代人和后代人的持续生存和发展,同时也是为了每个人更好的生存,因而环境权所体现的是整体利益和个人利益、长远利益和眼前利益的结合。环境权的这种利益多重性使它具有比其他法律权利更高的价值取向和人性标准。对这种权利要素及内容的判断,需要先进的环境观和特殊的程序,因而对因这种权利而产生纠纷的解决,或者说要实现法律主体的环境利益,需要在此领域建立专门法院。环保审判庭在一定程度上满足了专门化的要求,能够根据环境案件的特点实现集中审理,但由于仍然产生于传统司法体制之内,难以形成新的司法文化,也难以摆脱地方的习惯性干涉,制度建设上主要对原有制度的改良,而很难实现突破,更重要的是,环保审判庭建立的主要目的是解决环境案件处理的困难,因而没有也不可能具有生成环境权的功能。

环境法院的本质是专门法院。专门法院是法律现代化和司法分工细化的必然产物。它是通过法律专门确立,以特别的程序和制度对某类案件实现专属管辖和审理的审判组织。专门法院设立的目的就是满足某些新型法律、某些案件对程序的特殊要求,并减轻普通法院的压力和负担。相对于普通法院,专门法院具有自己的特点。他们包括,由于其设置的专

---

① ［意］莫诺·卡佩莱蒂编:《福利国家与接近正义》,刘俊祥等译,法律出版社2000年版,中文版序言,第2页。

门性而体现出的较强的独立性，能够有效地防止外来干预；由于自成一体，能够形成新的司法文化；采用特别的诉讼程序和规则。无论是大陆法系还是英美法系国家都存在各种各样的专门法院。这是因为专门法院具有很大优势，如澳大利亚一份地方法律改革委员会的报告认为专门法院的优势包括：(1)判决更多的一致性；(2)由于长时期的专业化，提高了效率。美国的 Harry Stumpf and John Culver 也认为，“专门法院的存在有自己的优势，因为他们有一些专门的，而不仅是一般的法律知识。一个典型的主要审理离婚案件的法院与错综复杂的水务案件几乎没有共同之处”。这些优势包括：(1)法官在某一特定的技术领域具有专业知识，提供了一种在该专业领域避免法院或上诉法院之间产生法律冲突的机会；(2)减少普通法院的诉讼负担。① 更重要的是，专门法院能够在一个传统法院没有处理过的具有高度“政策性”或有“专业化”的内容，或在法律及其实施显得过分僵化的领域显示优势。因为，专门法院能够进行普通法院难以进行的改革，推动某类特殊价值的实现。

在环境保护领域建立环境法院，就是要发挥专门法院的优势，促进环境司法改革，实现对环境纠纷的公正、高效和专业处理，从而促成环境权利的实现，推动“可持续发展观”的贯彻。具体而言，在我国建立环境法院，有着重要的意义：

一是实现机制创新，满足环境法特殊的程序保障要求。环境法作为一种社会法，环境权作为一种社会权，在立法和权利的保护方面有其特殊性，这是源于传统法律理论的现有司法机制所无法回应的。环境法的产生和发展是环境权法律化的体现。但是，由于权利法定需要解决权利的内涵、外延、要素和表达方式等问题，所以不同国家对环境权接受的程度各有不同，在法律中体现的形式和程度也有所不同。环境权的法定化还是一个正在进行的过程，环境权的子权利有些已经被法律所接受，有些还

① 参见刘国有：《试论专门法院出现的原因及对法律现代化的意义》，载《天津市政法管理干部学院学报》2004 年第 2 期。

在立法过程之中。对于已经法定化的环境权利,要有适当的程序保障机制,对于还没有法定化的环境权利,也要有能够在适当的条件下,承认和保障其环境权益的诉讼机制。环境权和传统权利的关系在于环境权既是其他权利的基础,更是对其他权利的限制。环境问题涉及人类生存和发展的基本条件,作为生物的人离不开自发的环境条件,没有健康的环境更谈不上享有人权,因而环境权成为其他权利的基础。要使人类在健康良好的环境下生存,就必须遵循生态规律,控制人类一切不利于环境的活动和行为。有学者深刻地指出:“环境权本质上是一种与其他权利相冲突的权利,在一定意义上,它实际有对其他人权的功能上的限制,特别是当对环境作广义的定义时,情况更如上所述。”[①]环境权要求以环境的不受损害为基本标准,这一标准不但是其他权利所没有的,而且是对其他权利的限制。正是由于环境权和传统权利存在一定的冲突,使保障传统权利的救济程序和保障环境权益实现的救济程序缺乏兼容性。环境法院的存在,无疑有利于环境法、环境权的程序保障机制的创新。同时,环境法律关系具有复杂性,往往是各种法律关系相互交叉,由专门法院统一审理环境案件的机制可以有效地解决我国现行环境司法中遇到的诸如环境行政诉讼和民事诉讼交错等难题,使环境案件的审理更具科学性和合理性。

二是缓解对传统诉讼体制和司法机制的冲击,降低司法成本。由于环境诉讼涉及多种诉讼形式,要通过对现有诉讼法理论的全面修正来满足环境诉讼的需求在目前看来是极为困难的,而专门环境法院的设立却可以最大程度上缓解由于环境法的特殊性对于整个诉讼法理论和体制的冲击,从实践的角度来看也更具可行性。而专门法院统一审理环境案件的机制,使原本要求所有可能审理环境案件的法官都掌握有关环境知识、遵从环境立法的价值取向的苛刻条件不再必需,可以在很大程度上降低司法成本,同时又可以通过对专门法官的训练提升环境案件审理的质量

---

① [斯里兰卡]C. G. 威拉曼特里编:《人权与科学技术发展》,张新宝等译,知识出版社 1997 年版,第 233 页。

和效率。①

三是发挥环境司法的宣示和教育作用。由专门的环境法院来统一审理环境案件,可以提高环境司法权威,产生“马太效应”,发挥较大的公众影响力,从而在政府决策、企业生产和公民生活过程中产生震慑和社会教育作用,预防环境污染和破坏,产生“预防优先”的效果。

虽然在我国学界和实践界普遍认为环境法院的设立还不具备现实条件,但实际上我国法律对此还是留下了一定空间的。《宪法》第 129 条规定:“中华人民共和国设立最高人民法院、地方各级人民法院和军事法院等专门人民法院。”《人民法院组织法》第 2 条第 1 款规定:“中华人民共和国的审判权由以下人民法院行使:(一)地方各级人民法院;(二)军事法院等专门人民法院;(三)最高人民法院。”这两部法律对专门人民法院采用了概括的方法表述,虽然只提及军事法院,但已为专门法院的设立提供了足够的灵活性和立法依据。这种规定正是考虑到由于我国地域广泛和纠纷复杂的现实,对具有较高的特殊性、专业性,或者具有一定的地域性的案件,应当设立专门的法院。我国已设立的专门法院有军事法院、铁路运输法院、海事法院、林业法院、农垦法院等,它们主要按照自身业务或地域的特点设置。专门法院的设立是发展性的,《关于修改〈人民法院组织法〉、〈人民检察院组织法〉的决定》明确:“专门法院除军事法院外,究竟还需要设立哪些专门法院,以及专门法院的体制、职责和管辖范围等,都还缺乏经验,各方面意见很不一致。这次根据宪法,将‘法院组织法’第二条第一款第二项‘专门人民法院’修改为‘军事法院等专门人民法院’……这样修改后的规定较为灵活,除明确必须设立军事法院外,对其他专门法院的设置不作具体规定,可以根据实践,需要设的就设,不需要设的就不设。”随着环境观念的改变,环境法治的健全,在我国完全可能在环境审判庭的基础上建立专门性的环境法院。

---

① 董燕:《从澳大利亚土地与环境法院制度看我国环境司法机制的创新》,载《华东政法学院学报》2007 年第 1 期。

考虑到环境法院的独立性、环境案件的特殊性和我国的两审终身制，环境法院分为初审环境法院和上诉环境法院。初审环境法院结合行政区划和生态功能区划、环境污染控制区划设立，可在一个或几个设区的市的行政区划内设立，也可在流域范围内设立。初审环境法院在地位上相对于中级法院，从而保证其司法权威和环境法官的地位与身份认同。上诉环境法院原则上每省设立一个，但也可以根据实际需要进行调整，几个省设立一个或一个省设立几个上诉环境法院。上诉环境法院在地位上相对于高级人民法院。初审环境法院和上诉环境法院均由最高人民法院根据法律设立，由最高人民法院指定其管辖区域。在最高人民法院设立环境审判庭，实际负责环境司法解释、环境司法政策指导、环境司法管辖区调整和重大环境案件的申诉处理工作。

环境法院应当具有以下特点：一是在设置上遵循“小而专”的要求。环境法院实行环境法官独立审理，在规模上不求大而全。环境法院专业性和小规模的特点使其更易于机制创新，使其自身突破传统法律理论与制度的束缚，适应环境法的需求。二是在管辖上实行集中管辖制度，管辖辖区内所有环境案件，包括环境公益诉讼案件。三是在审理上实现对环境民事案件、行政案件、刑事案件的一体化审理。四是在运作上遵循“便民原则”。既包括吸收传统审判经验，在审判期实行巡回开庭制度，也包括与现代科学技术相结合，实行电子化、网络化审判。

专门环境审判机构的建立并不是环境司法改革的目的，而只是环境司法系统改革的开始，其意义就在于通过专门环境审判机构这个平台，促使专门环境审判机制的形成，从而实现环境纠纷司法解决通道的畅通和环境权的司法保护。

第五章　从环境审判机构专门化到环境审判专门化

环境审判机构专门化不是环境司法改革的终极目的。如果环境司法改革仅停留在设立环保法庭或法院的层次上的话，除了增加机构外，无法解决环境案件受理难、审理难、判决难等环境司法的困境，也无法实现确认环境权利和维护环境质量的目标。环境审判机构的专门化就是要为环境司法理念的转型和环境审判机制的重塑提供一个平台和载体，并在推动环境审判专门化的过程中，自身也构成了其中的一部分，从而最终建立专门的环境诉讼机制。专门的环境诉讼机制在诉讼价值上追求可持续发展的实现，在制度安排上需要改变把环境案件纳入传统诉讼模式区分为环境民事诉讼、环境行政诉讼和环境刑事诉讼的现状，对环境公益和私益进行综合衡量，对行政行为和民事权利进行综合审查，重视环境公益的衡量，扩大诉讼主体资格，实现诉权社会化。

第一节　司法理念的转型

一、可持续发展

1983 年，联合国成立“世界环境与发展委员会”。1987 年，世界环境与发展委员会向联合国大会提交了《我们共同的未来》的报告，提出了“可持续发展”理念并进行了定义。1992 年，106 个国家的政府首脑在巴西里约热内卢召开联合国环境与发展大会，会议提出要将环境与发展统一起来，在可持续发展的基础上建立新的全球伙伴关系，并通过了指导和开展全球环境与发展领域合作的框架性文件《里约热内卢环境与发展宣言》及其行动纲领《21 世纪议程》。1994 年，作为世界环境与发展委员会的参加国与缔约国的我国也发布了《中国 21 世纪议程》，提出了我国可持续发展战略及其行动方案。可持续发展已经成为各国所普遍接受的新的发展观。

根据《我们共同的未来》，可持续发展是指“既满足当代人的需要，又不对后代人满足其需要的能力构成危害的发展。它包括两个重要概念：‘需要’的概念，尤其是世界贫困人民的基本需要，应将此放在特别优先的地位来考虑；‘限制’的概念，技术状况和社会组织对环境满足眼前和将来的需要的能力施加的限制[①]”。它包含了几层意思：第一，代际公平。即每一代人之间在开发、利用自然资源方面的权利都是平等的。第二，代内公平。即同时代的所有人，不论其国籍、种族、性别、经济发展水平和文化等方面的差异，对于利用自然资源和享受清洁、良好的环境享有平等的权利。第三，可持续利用。提倡对自然资源进行合理利用，提高对资源的利用能力，以使有限的自然资源得到最长时间的利用。第四，环境与发展一体化。即将保护环境与经济和其他方面的发展有机地结合起来。它一方面要求在制定经济和其他发展计划时切实考虑保护环境的需要，另一方面要求在追求保护环境目标时充分考虑发展的需要。也就是说，可持续发展以追求人与自然的和谐为核心，主张人类有追求健康而富有生产成果的生活权利，应当以与自然相和谐的方式来实现，而不能以耗竭自然

---

① 世界环境与发展委员会编：《我们共同的未来》，王之佳等译，吉林人民出版社 1997 年版，第 52 页。

资源、破坏生态和污染环境的方式来实现。[①] 因此,社会、经济的发展要受到环境保护的限制,或者说环境保护在一定意义上成为判断社会、发展可持续性的标杆因素。这种判断建立在既要发挥自然环境的经济价值,又要保护自然环境的生态价值;既要保障每个人的环境私益,又要维护人类整体的环境公益;既要保证人与人、人与社会的和谐,又要实现人与自然的和谐。习近平主席在全国生态环境保护大会上提出的“绿水青山就是金山银山”“生态文明建设是关系中华民族永续发展的根本大计”[②]正是对这一理念最深刻的阐述。在实现人类可持续发展的进程中,我们应当坚持绿色发展和生态文明建设。绿色发展是生态文明体系建设的重要内容,坚持绿色发展和生态文明建设要求我们构建人与自然和谐发展的生态文明体系,建立生态产业化和产业生态化的经济体系、节约资源、解决环境污染问题、优化生态环境、防范生态环境风险等。因此,绿色发展、生态文明建设的理念正是现代社会所需要的一种可持续发展观,应当将这种可持续发展观融入社会、经济 、生活的各个方面,当然环境司法也不例外。

毫无疑问,作为环境法的基本价值目标,可持续发展也要反映、贯彻在环境审判之中。但传统的环境审判理念是建立在不可持续的发展观的基础之上的。这种发展观认为,自然环境是取之不尽、用之不竭的天赐之物,从而很少在环境问题上考虑公平地对待后代,公平地对待自然。建立在这种发展观基础上的法制在一定程度上只注重调节人与人、人与社会的关系,而忽略了人与自然的协同性,忽略了人类自身和自然的永续发展这一最永恒的价值追求。在法理念上,自然被工具化了,被当做促进经济发展的一种手段,而不再是目的。[③] 反映在审判理念上,主要是从经济性

① 杨朝飞:《环境保护与环境文化》,中国政法大学出版社 1994 年版,第 41 页。

② 参见习近平主席在第八次全国生态环境保护大会上的讲话。

③ 方乐:《可持续发展与法律价值的完善——中国法制可持续现代化的路径探究》,载《法学论坛》2005 年第 1 期。

判断而非生态性判断去考虑环境资源的开发利用、保护改善问题，从经济发展优先而非环境与发展的内在一致性去考虑行政行为、企业行为的合法性问题，从当前利益、个体利益而非长远利益、整体利益去考虑法律关系中的利益冲突问题，从人的价值实现而非人与环境的价值同等衡量来考虑人类发展与环境保护的冲突问题。这种审判理念与可持续发展的要求是格格不入的，也无法真正有效地指导环境审判实现环境公平和对环境权益的程序保障。

随着可持续发展纳入国家宪法和立法之中，要求法律以生态化的理念重新调整人与自然的关系，进行法律变革。正如弗里德曼所指出的："企图通过法律进行社会变革是现代世界的一个基本特点。"①这一变革，从可持续发展的观念出发，对现行法律、法规进行全面评价，推动其向可持续发展法律制度的变迁；并按照可持续发展战略的要求，进行可持续发展法律制度的创新，其核心就是要将环境保护、环境权益的保障纳入法律的建设、调整和更新之中。

在这样的背景之下，环境审判理念也要随之转型，确立起自身的司法文化。这种转型体现在：遵循自然规律和社会发展规律，尊重自然，改变经济优先的传统思维，对于那些污染和破坏环境的行为采取预防性、恢复性和惩治性的司法措施；认识到环境资源的生态价值与经济价值保护的同等重要性，从而承认公民的环境利益和环境公共利益，并基于人类的永续发展追求将环境公共利益放在利益衡量的优先位置；接受环境权的基本权利和社会权属性，通过审判实践明确环境权的权利要素，丰富环境权的权利体系，并最终促进环境权的法定化和与其他权利的协调保障；承认环境司法的政策形成功能，在解决环境纠纷的同时，通过诉讼、裁判的结果确认一定的环境保护和生态平衡的社会价值存在，并通过法院判决的影响，将司法对公共环境政策的取向扩散到社会其他成员，从而推动环境

① ［美］弗里德曼：《法律制度》，中国政法大学出版社 1994 年版，第 323 页。

公共政策和环境法律的制定。

可以看出,这种转型的本质是在可持续发展的指导下,树立尊重自然、关注公民环境权益和环境公共利益的价值取向。而在环境审判中要贯彻此理念的一个必然要求是确立司法能动主义的价值。

二、司法能动主义

司法能动主义是指法官基于人们的信赖,利用手中的自由裁量权,通过对具体案件的审理,以公正和保护人的尊严为己任,不拘泥于先例和成文法的字面含义进行创造性和补充性解释以回应当下的社会现实和社会演变的新趋势并对各种政治、社会问题给予干预的司法理念和方法。与司法能动主义相对应的是司法克制主义,是指法官在寻求立法原意的基础上,尊重成文法和先例,在解释的过程中尽量保证对立法机关和行政机关的尊重,尽量减少自己信仰和偏好的注入,并试图通过各种方式对法官的自由裁量权进行必要的限制。[①] 美国学者克里斯托弗沃尔夫认为,司法能动主义的基本宗旨就是法官应该审判案件,而不是回避案件,并且要广泛地利用他们的权力,尤其是通过扩大平等和个人自由的手段去促进公平。能动主义的法官有义务为各种社会不公提供司法救济,运用手中的权力,尤其是运用将抽象概括的宪法保障加以具体化的权力去这么做。[②] 司法能动主义在现代司法中越来越受关注有着其深层次的背景。随着现代社会的飞速发展,新型社会关系频繁产生,社会主体之间的矛盾加剧,社会秩序面临严重危机,社会规范受到了严重的挑战和冲击;随着社会转型,各种新型的权利和利益纷纷出现,与此相伴随的是公民权利意识勃兴、新型的社会纠纷不断出现。但是,法律却具有一般性、滞后性和

---

① 参见李辉:《司法能动主义与司法克制主义的比较研究》,载陈金钊主编:《法律方法》(第8卷),山东人民出版社2009年版,第405页。

② [美]克里斯托弗·沃尔夫:《司法能动主义——自由的保障还是安全的威胁》,黄金荣译,中国政法大学出版社2004年版,第3页。

抽象性的特点,如果坚守司法克制主义,就会导致进入法院的新型案件在立法上可能没有规定而被法院拒绝审理,新型社会关系得不到法律调整,新型权益要求得不到司法保障最终会出现形式公正与社会公正的紧张,给社会发展和司法权威带来损害。司法能动主义坚持根据公正的原则,通过法官运用自由裁量权,结合案件发生的具体情况灵活地解释和适用法律,在事实的认定和法律定性有困难的情况下能作出合乎常理和法理的决定,使法律的选择能够符合案件的实际与社会的公正要求;在法律与社会生活有脱节的情况下能够实现个案的衡平,并推动新的社会价值和新型权利的认可。这就能够避免形式公正和社会公正产生矛盾,从而寻求社会效果和法律效果的统一。

环境纠纷中所蕴涵的价值冲突、多元社会关系和复杂的利益形态与环境法律的滞后和游离必然导致恪守司法克制主义的传统审判机构无法公正有效地解决环境案件。或者说,只有接受了司法能动主义的新型审判机构才能实现环境法的目的。

从国家环境管理的角度来看,司法能动主义意味着扩大环境行政争议司法审查的范围,强调突破传统的诉讼利益成熟理论。随着人类文明的日益进步,尤其是在进入现代社会之后,产业结构的逐步工业化,人们遭受大范围环境公害和生态破坏的机会与频率日益增多,环境危机已成为我们这个社会要面对的主要问题,而环境问题的解决依赖于政府和公众的共同努力。基于市场机制的不足,国家必须要在环境保护方面发挥作用,这意味着国家环境管理权的扩展,即国家采取各种手段和措施,积极主动地对经济个体的自由意志施加影响,对与环境有关的行为进行干预。与这种行政权的加强相适应,司法权也须扩大,以保障司法审查行政行为原则的贯彻和监督政府履行职责行为。这就要求因为环境保护而产生的行政争议,无论是自由裁量权范围的还是非自由裁量范围的,都应当纳入司法审查的范畴。环境利益不能再被视为“反射性利益”而被司法机关不予考虑。在环境司法里,基于预防优先的需要,传统诉讼利益成熟理论应当被突破。以保护财产权为基点的传统司法理论认为，在行政程序的初期阶段，当事人的权利义务尚未确定，具有抽象性，有关纠纷不够成熟，因此，原则上只有在行政程序的最后阶段，即当事人的权利义务得到具体、最终的确定时，才得提起诉讼。但对于环境保护而言，由于环境一旦遭到污染或破坏，常常难以恢复，且对环境方面利益、财产乃至人体健康的损害也往往无法避免，即环境危害大多具有不可逆性、地域的广阔性、潜在受害的重大性和社会性等，因而更需要采取预防性措施。具体到针对行政机关提起的环境诉讼，就要改变传统的诉讼利益成熟性理论，在行政程序的初期或中期阶段就应承认撤销、禁止和履行职责等诉讼请求。

从公众参与的角度来看，积极司法要求扩大案件受理范围，提供诉讼预防机制。环保的另一支柱是公众，而司法是公众通过环境纠纷接近正义的基本途径。当人们将这类不满和抱怨引入司法领域，并试图通过诉讼程序来解决纠纷时，却面临传统司法受理范围的阻碍。环境纠纷，尤其是围绕社会公共利益所发生的环境纠纷，大多是价值判断型纠纷或权利形成型纠纷。这类纠纷没有具体的法律条文作为依据，而且还涉及对经济政策和环境保护政策的判断，涉及对既有权利和应有权利的冲突的权衡。这些都不符合传统司法的司法克制主义理念，因而很难被法院所接受。但这些纠纷如果不及时解决，将严重影响人们的生活和对法院的信任。另外，在环境预防方面，应提供诉讼预防机制，即如果公民认为环境评估不合理或者认为某一项目存在潜在的环境损害，可以向法院提起诉讼，请求法院判令企业采取停止侵害或者重新评估等治理措施。但在司法克制主义的影响下，这样的诉讼请求由于其“成熟性”不够，很难得到法院的受理。事实上，这些案件随着社会的发展还会更多地涌现出来。它们如得不到法院的吸纳和解决，无疑会慢慢侵蚀整个法律体系，影响民众对法律的信心。“当事人正是因为双方自主协商不能解决纠纷才诉诸法院的，如果法院也还是当断不断，断而不绝，甚至纵容那些纠缠不已的一方当事人所提出的再三继续交涉的要求，正义就变得无从体现，审判程序也就变得可有可无。”[①]考虑到环境纠纷本来就是潜在的社会对立与社会矛盾经人们自觉化后显现出来的，考虑到法律的操作取决于国家设置的司法机关及其成员，以及法律作为条文并不能完全涵盖既存的社会关系的全部，更不能将未来的社会关系置于自身的控制之下，因此，一些没有法律条文规定的环境纠纷也应当在司法政策的宽容之下进入法律纠纷领域，接受法律调整。

从实体法依据的角度来看，司法能动主义排除传统的纯粹依据既存实体法进行审判的观念，重视法官造法的作用，并以此推动权利的生成。环境纠纷所关注的利益，有很多是新兴的生活利益或者公共利益，在某些方面并未具备法律权利形态，或者说“法院在处理这一类案件时并没有以事先存在的实体法作为判断的基准，很难像传统的诉讼那样按照既存的法律做出判决来寻找正当化根据”。[②] 这类纠纷的解决必须通过法的创造、政策性判断等途径来寻找正当化根据。这就必须突破传统司法中法院通过适用立法机关预先制定的法律，确认当事人之间权利义务的归属，最终达到解决纠纷的目的的模式。法院在判决之前，必须进行价值判断，考虑某种利益的值得保护性和上升法律的可能性，甚至涉及对政府政策的考量。在有宪法或环境基本法的环境保护条款的前提下，通过司法创制活动，承认具体案件中的环境权利，将虚置状态中的权利通过法官的阐释使其丰满起来。在环境诉讼里，法院需要更大的智慧和勇气，对环境保护、经济发展甚至就业政策等进行衡量取舍，最终作出符合可持续发展的判断，并促进符合可持续发展的法律的制定。

在司法能动主义的作用下，新的社会公正取向即环境公平可以通过革新程序能动地得到利用，个人的环境权利和公共利益能够因此得到保障。印度宪法没有明确规定公民享有对清洁环境的基本权利，印度司法

---

① 季卫东：《宪法新论》，北京大学出版社 2002 年版，第 82 页。

② ［日］谷口安平：《程序的正义与诉讼》，王亚新、刘荣军译，中国政法大学出版社 1996 年版，第 21 页。

机关通过发挥能动性寻找与环境利益相关的公民基本权利条款,推定环境权利已经被宪法确认或者衡量政府行为的环境价值。在印度的环境司法中,被援用最多的公民基本权利条款是“生命权”。例如,在“1990年萨胡案(Charan Lal Sahu Case)”中,印度最高法院认为:《宪法》第21条保护的生命权包括对健康环境的权利。在1991年“库马案”(Subash Kumar Case)中,法院认为:“第21条保障的生命权包括享受满足生命需要的无污染水和空气的权利。”通过这些案件,法院确认对健康环境的权利是生命权的一部分;而且重申了政府的有效实施环境法律的义务,因为防治环境退化是国家的义务。印度的环境非政府组织经常援引平等权条款,要求取消不符合发展规划的、武断的建设项目许可,以及挑战政府批准开矿和其他开发项目。政府的这些行为一旦被法院认定为是在没有充分考虑环境影响的情况下武断作出的,就会被判定违反了平等权条款,从而防止政府某些部门单纯追求经济增长,实现环境保护的目的。[①] 在美国,司法能动主义的环境司法价值观对于美国环境法快速发展产生了深远影响。比如,通过法院的司法审查,促进了国会通过的诸多环境保护法包含针对美国环境保护局规则制定事项的司法审查条款,通过对环保团体提起公民诉讼的受理,促进了环境保护的热潮。与此同时,由于美国法院系统采取了较为宽松的司法审查标准,使行政机构对公众关注的环境问题越来越予以充分的考虑,以避免公众针对它的行政行为提起诉讼。比如法院明确宣布其有责任审查行政机构做出的行政决定,进而保障国会明确的立法意图未在联邦政府的官僚体系中丧失或者被误导。在同时期的法院判决中,法院更是明确宣布新的环境保护法律体系反映了“广为接受的以下理念,即国家的生活品质依赖于其自然资源的丰富性,为了下一代人的利益有必要花费巨大的成本保护上述资源”。[②] 美国法院系统的亲环境

---

① Leelakrishnan, P. *Law and Environment*, Eastern Book Company, India, 1992, pp. 144 - 152.

② See Weyerhauser Co. v. Costle, 590 F. 2d 1011, 1043 (D. C. Cir. 1978).

司法立场通过司法能动主义得以贯彻，法院通过放松主体的诉讼资格使环境司法审查的成本更低，从而保证环境司法得以畅通，环境利益尤其是环境公共利益得以保护。

因此，秉承司法能动主义的环境司法中，法官具有较大的自由裁量权，比如法官始终占据指挥地位，积极地行使释明权，谋求诉讼合理运行的方法，引导当事人围绕证明环境损害行为、致害结果的存在提供证据、列举事实；以环境公益为出发点，放宽诉讼资格，并可以公益为标准依职权调查取证，防止当事人虚假举证甚至牺牲环境公益来谋求私益；法官被赋予政策性判断、价值判断之权力，通过具体个案承认环境权利；通过法律解释以及填补漏洞明确或形成环境保护规则，推动法律的制定。当然，在中国的宪政体制下，环境法官的这种自由裁量权并不是恣意的，它仍然要尊重立法权，在法律的范围里按照一定的法律原则行使，即按照可持续发展理念，充分运用环境司法经验，正确适用环境法律，在理性地对待案件的事实问题和法律问题作出判断的基础上行使裁判权。

第二节　程序机制的一体化

一、审理程序的综合化

环境法是“公法私法化”和“私法公法化”的法部门，其保护的利益形态既包括环境公共利益，也包括个人环境利益。因此，环境立法采取了公法与私法的双重保护机制，这导致一个环境纠纷可能涉及多种法律关系。这些法律关系可能并行不悖，可能相互交叉，也可能相互依存，但彼此的利益调整重心不同。公私益的交织和法律关系的交叉导致按照传统的民事诉讼程序、行政诉讼程序和刑事诉讼程序来处理案件，就有可能带来司法判断的不一甚至相互矛盾、司法效率的低下，乃至利益考量的顾此失彼，从而损害司法公信力。因此，对于那些涉及多重法律关系和多种利益争执的环境案件，应当突破传统民事诉讼程序、行政诉讼程序和刑事诉讼程序的分野，而用一种程序实现对这些法律关系和争执的综合审查。

要实现环境案件审理程序的综合审查，首当其冲的是要建立案件管理程序。所谓案件管理是指“由法院指定的案件管理人按照规定的程序步骤，在规定的各阶段期限内，对案件从登记立案到提交庭审之间的全部准备过程进行主持、监督、干预、推动，以促使案件在最短时间内达成和解或者提交庭审”。[①] 环境审判机构能否有效运作，案件管理程序是关键，因为案件管理程序设置是否合理将直接影响案件审理的效率和质量。案件管理程序包括法院受理审核、确定开庭期日及组成合议庭、送达诉讼材料、限期举证、证据交换、召开审前协调会等。但就环境案件而言，案件管理程序的核心是案件分类管理，并根据具体情形确定审前非讼程序和审理程序的选择适用。

从类型上看，环境审判机构受理的环境案件有两大类：诉讼案件和执行案件。执行案件主要包括按照法律授权应由法院执行的环境行政裁决和环境仲裁裁决案件和经法院审理没有主动履行的强制执行案件。前两类案件不需经审理程序，而直接交付环境审判机构的相应合议庭进行合法性的程序审查即可。环境诉讼案件[②]相对比较复杂，从性质上看，环境案件大致可以区分为两类：一是依据案件所涉公益和私益程度，分为纯私益案件（如噪声污染造成人身、财产损害）、公私益重合案件（如水污染造成人身、财产损害）和纯公益损害案件（未造成直接人身、财产损害）；二是依据案件所涉法律关系分类，分为单一型案件（传统法视野中环境民事案件或环境行政案件或环境刑事案件）、交叉型案件（环境刑事、民事、行政相互交叉）与公益型案件。因环境案件所涉法律关系的不同和寻求利益保护重心的不同，环境案件的审理可划分为无直接利害关系人提起的

---

① 刘小飞、李振国：《加拿大法院案件管理的规则、实践与启示》，载《法律适用》2008 年第 11 期。

② 即狭义上的环境案件，在本书中如无特别交代，环境案件即是在这个意义上所指。

公益诉讼和有直接利害关系人提起的一般诉讼,他们所适用的审理程序是有一定差别的。

(一)一般环境诉讼适用的审理程序

一般环境诉讼包括单一型环境案件和交叉性环境案件。单一型环境案件就是单纯涉及环境民事关系、环境行政关系和环境刑事关系的案件。这一类案件只要按照现行的民事、行政和刑事诉讼程序进行裁判即可。

交叉型环境案件是指环境民事、行政、刑事关系彼此间相互交织的案件。这类案件可能以民事纠纷、行政纠纷和刑事纠纷共同存在而体现,也可能以虽是因为某种纠纷而提起但涉及对不同法律关系的考察的案件,如对于当事人之间的环境损害赔偿纠纷由于涉及对环境管理机关依职权取证行为的审查就需要对当事人之间的民事关系和环境管理机关的行政行为进行考察,这种纠纷引发的案件就不再是单一型的而是交叉型的。交叉型环境案件因而也就可以体现为环境民、行交叉案件,环境民、刑交叉案件,环境行、刑交叉案件和环境民、行、刑交叉案件。

对于交叉型案件,不再区分民事、刑事、行政,实行一体审理。司法实践中对于民事、行政、刑事交叉的案件主要有三种审理模式,一是分开审理,即对几种不同的法律关系分别由民事、行政或刑事审判庭进行处理;二是附带解决,即根据前提性法律关系,进行附带诉讼,如刑事附带审查民事或行政附带民事诉讼;三是合并审理,即将案件涉及的民事法律关系、行政法律关系、刑事法律关系分别按照各自的诉讼程序由同一合议庭一并处理。① 专门环境审判机构审理环境交叉型案件采用的一体审理则与此均有不同,是由一个审判组织在一个诉讼程序里全面审查案件所涉的各种法律关系。这种审理模式首先要对案件所涉及的法律关系的关系

---

① 孙振庆、赵贵龙、刘峥:《关于行政民事交叉案件的调研报告》,载《法律适用》2008 年第 2 期。

有一个判断,即它们之间是依附性的还是并行性的,然后根据这种定性来决定审查顺序。对于并行性的交叉型案件,环境审判机构先要对事实进行统一的司法确认,然后对不同的法律关系可以任意选择顺序进行司法判断。如对于非法处置进口固体废物,只要有这样的行为不管是否造成污染后果,都要追究刑事责任,如果造成污染,损害了人身财产,不仅要加重刑罚,受害人还可以要求民事赔偿,这样的案件无论是先进行刑事裁判还是先进行民事裁判,其裁判结果都不会发生冲突,在这样的情况下,就可以在确定事实后"刑民并行"。对于依附性的交叉型案件,环境审判机构要分清先后,首先审理前置性的环境关系,再审理后置性的法律关系。如对于开发利用自然资源导致侵权纠纷,涉及资源主管部门的确权行为的合法性与正当性,要判断侵权是否成立,首先要判断行政机关的确权行为是否合法,这就必须"先行后民"。

另外还需注意的是,考虑环境法是以社会利益为本位的法,其终极目的是维护环境质量和生态平衡。在私益诉讼中,双方争辩的目的都是维护各自利益,没有一方会把维护环境公益作为自己的诉讼目的,环境公益往往为双方所忽略甚至可能成为诉讼的牺牲品。因此,在私益案件涉及环境公益时,审判机构应该进行能动司法,按照可持续发展理念,将公益纳入审查范围,防止私益争诉损害环境公益。

(二)环境公益诉讼适用的审理程序

环境公益诉讼,是指在任何行政机关或其他公共权力机构、法人或其他组织及个人的行为有使环境遭受侵害或有侵害之虞时,任何公民、法人、公众团体或国家机关为维护环境公共利益而向法院提起诉讼的制度。从法律关系上讲,环境公益诉讼是非直接利害关系人提起的环境诉讼。环境公益诉讼在我国环境司法的实践中已屡有提起,在法律上也获得了《民事诉讼法》和《行政诉讼法》的支持,在我国的制度化初步形成。明确环境公益诉讼适用的程序,先要搞清环境公益诉讼的性质。对于环境公益诉讼,理论上有不同主张,一种观点认为,环境公益诉讼要区分为民事、行政和刑事环境公益诉讼，刑事环境公益诉讼是刑事附带民事诉讼；[①]另一种观点认为，环境公益诉讼要区分为环境民事公益诉讼和环境行政公益诉讼；[②]还有一种观点认为，环境公益诉讼是一种特别诉讼，无须区分为环境民事公益诉讼和环境行政公益诉讼。[③] 笔者认为，环境公益诉讼是在环境公共利益维护和保全的基础上发展起来的，其主要着眼点在于对于环境的损害行为的抑制和预防以及对环境公益行为的促进和鼓励。而所谓环境行政公益诉讼、环境民事公益诉讼只是起诉主体上有区别，司法审查的核心和利益衡量的方法没有本质区别，所以无须区分环境民事公益诉讼和环境行政公益诉讼。环境公益诉讼的特殊性决定了它是相对于一般诉讼的特殊诉讼。因此，其程序建设也是建立在一般诉讼基础之上的，除了由其特殊性决定了在一些程序环节有特别规则外，其他程序规则是共通的。

具体而言，环境公益诉讼主要的特殊程序规则体现在：第一，在原告资格上，公民、环保团体、检察机关和环保机关均可提起诉讼。但环保机关、检察机关提起环境民事公诉时，具有程序当事人地位，依法享有当事人的各种诉讼权利，同时也承担相应的诉讼义务，与其他当事人的诉讼地位是平等的。第二，设立前置程序。即潜在原告在拟提起诉讼之前，书面告知涉嫌违法者及其主管机关。如果违法者在法定期限内没有整改，或者主管机关没有作出处理，潜在原告有权选择针对违法者或主管机关提起诉讼。如果被诉者在期限内进行了整改，则表明起诉者与被诉者达成一致，案件以撤诉处理，这样一方面保障了起诉者的诉权，另一方面，又避免了宽泛的原告资格可能带来的滥诉，节约司法资源。第三，实行诉讼参加制度。针对环境损害者的公民诉讼里，可以要求生态环境保护部门派员参加诉讼，对专业性问题进行说明。公民、环保团体也可以参加检察机关、

---

① 万鄂湘：《环境保护亟待建立公益诉讼制度》，载《团结》2009 年第 3 期。

② 别涛：《环境公益诉讼的立法构想》，载《环境保护》2005 年第 12 期。

③ 吕忠梅：《环境公益诉讼辨析》，载《法商研究》2008 年第 6 期。

环保机关已经提起的环境公益诉讼，督促这些机关的履职行为，促进对环境公共利益的保护。第四，充实救济方法。应当事人申请法院可以采取预防性措施防止环境公益损害的发生和扩大。适当引入惩罚性赔偿，对于污染和破坏环境的严重行为，还可请求法院对污染方判处惩罚性赔偿以加强公益诉讼的震慑力。第五，建立诉讼激励机制。为了鼓励更多的人参与到环境公共利益的保护中去，应当建立诉讼激励制度，包括改革诉讼费用制度，减轻原告的诉讼负担和对公民、环保团体原告进行适当的奖励。

二、诉讼程序与非讼程序的沟通与协调

价值追求多元化和保护利益多元化是环境法的基本特征，其实现需要国家干预和私法自治的调和，需要权利和权力关系的重构，需要有公私法手段的结合，因而也需要公法救济和私法救济打破隔阂，相互配合以求得不同利益和价值的调和与兼容。这样也就需要建立包容和协调国家干预与私法自治的多元化纠纷解决机制。因此，为实现环境纠纷的有效解决，应当建立一个以诉讼为核心，包括传统的调解、仲裁和行政处理等方式在内的多元纠纷解决机制，以应对纷繁复杂的环境纠纷，从而避免单一环境诉讼在成本、效率和易造成当事人对抗的固有弊端。在这种环境纠纷解决机制中，以诉讼作为最后和最权威的解决方式，同时，又要注意诉讼机制与非诉机制的相互融合、相互渗透。其基本要点是在诉前、诉中都有相应的非诉解决方式可以利用，并且它们都有效率和效力，在解决过程中，也可以与诉讼进行转换。

在环境纠纷进入司法程序后，环境审判机构通过案件管理程序，认为可以通过非讼程序即法院附设 ADR 解决的，就可以进入非讼通道。法院附设环境 ADR 的主要表现形式有：(1)法院附设调解。在许多国家和地区，法律设置了法院附设调解，如日本的调停制度，美国的法院附设调解制度。它是指调解机关设立在法院的一种调解制度。它具有以下特征：第一，程序启动一般由当事人申请；第二，调解程序与审判程序分立，调解

不成的,可由当事人决定是否转入诉讼;第三,调解员一般往往包括退休法官、律师、环保工作者等;第四,调解程序与诉讼程序紧密相连,调解协议在获得法院的确认后具有强制执行力。(2)法院附设仲裁。法院附设仲裁不同于一般仲裁,它是由法院主持的仲裁,目的在于为当事人提供一份与审判相比较更早、更快捷、更灵活而且费用低廉的裁决。其特点在于:第一,仲裁员一般由资深律师、环保专家组成,由当事人选择,由独任仲裁员或三位仲裁员组成仲裁庭主持庭审。第二,证据规则相当宽松。第三,法院为仲裁提供支持。法院提供下列机会以评估关键证据的影响和可信度:当事人可以申请传票传唤证人出庭出示证据;证人在宣誓后通过直接或交叉询问的方式作证。第四,保密性。仲裁裁决在随后的再审理过程中是不被接受的,除非当事人另有约定。被指定的法官应当对仲裁裁决内容一无所知。(3)其他。根据英美等国的实践,早期中立评价(Early Neutral Evaluation)、简易陪审团审判(Summary Jury Trial)、小型审判(Mini Trial)、私人法官(Private Judging)[①]等都被认为是法院附设ADR的形式,但各国的情况不同,会根据具体的情形加以选择或创新。比如在我国由于环境保护工作牵涉的部门较多,环境审判机构牵头建立各部门的协调机制来解决环境纠纷。福建省柘荣县人民法院成立的生态资源保护合议庭,就通过建立联席会议制度,邀请县人大常委会、政协、检察院、公安局、林业局、环保局、旅游局、水土办、信访局等机关单位相关人员参加联席会议,协调解决生态资源纠纷出现的问题。[②] 其他地区如贵州、云南的环保法庭都建立了类似机制。

法院附设环境ADR与诉讼程序的协调与衔接体现在:第一,程序分立,避免审判因法院附设ADR而受到影响。ADR程序的主持人不应是案件主审法官。在事实调查和证据规则方面,ADR程序与审判也有严格

---

① 参见王长生:《仲裁与调解相结合的理论与实务》,法律出版社2001年版,第15~24页。

② 郑艺群:《环境审判制度初探》,载《东南学术》2010年第5期。

区别。ADR一般不要求严格查明事实,举证责任相对淡化;诉讼程序必须遵循严格的证据规则,注重发现事实。当ADR程序失败而进入审判时,在ADR中所做的证据认定和观点妥协不得作为诉讼请求的依据,当事人在诉讼中必须重新向法庭提供证据并重新质证。第二,ADR向诉讼程序的转换。当事人如果认同法院附设ADR所达成的和解协议或仲裁协议,可以通过放弃诉权使其自然生效;也可以通过法院的司法审查赋予其拘束力,使之成为强制执行的依据。如果当事人不认同仲裁裁决或和解失败,当事人就可以行使诉权,提起诉讼。但是,对于已经作出裁决或对达成的调解协议反悔的情况进行限制,要求当事人进入审判必须承担一定的风险,即法院对那些在重新审判后未能获得比仲裁裁决或调解协议更有利结果的申请人收取一定费用以作惩罚。

从目前各国环境司法的实践来看,运用的最广泛的、最有效的法院附设ADR是调解。澳大利亚新南威尔士州土地与环境法院、新西兰环境法院和美国佛蒙特州环境法院等都重视通过调解方式来解决环境纠纷。作为东方特色的调解自然在我国的环境审判实践中也得到了广泛的运用。如贵阳环保法庭在受理的案件中都非常注意调解手段在案件中的运用并为此做了大量工作,包括邀请相关行政部门参与调解。在全国的公益诉讼案件中,调解结案率较高,环境民事公益诉讼主要以调解方式结案。[①]如2015年已结案的51件已结案件中,有调解、判决、裁定、撤诉四种裁决方式,其中通过调解结案的有19件,占了37.2%。[②]但总体而言,我国环境司法中的调解更多的是沿用传统诉讼调解的模式,缺乏根据环境纠纷解决的需要而创设具有自身特色的环境调解制度。

这种环境调解制度主要包括以下架构:第一,调解员的选任。专门环境审判机构应当建立调解员库,在案件转入调解时,由主审法官从调解员

---

① 吕忠梅等:《中国环境司法发展报告》(2015~2017),人民法院出版社2017年版,第196页。

② 同上。

库中抽取调解员。调解员必须经过专门的培训，并具有与环境争议相关领域的专业知识和经历，诸如环境法律、规划、资源管理、遗产保护、环境科学、建筑、工程、测量、矿产技术等，同时需具有一定的调解能力。环境法官并不担任调解员，但专门环境审判机构的专家咨询委员会成员可以专家库的调解员，不过一旦被选任，就不能以专家咨询委员会的委员名义在以后该案可能的审判程序中提供专家意见。第二，调解的适用范围。一般而言，只要除当事人同意调解的环境案件都可以进行调解。第三，调解的中立和保密。中立和保守秘密是对调解员职业道德的基本要求。调解员角色定位是帮助当事人就争议问题的解决达成协议的中间人。基于这一定位，要求调解员公平、公正且客观地对待双方当事人。为了能够保持中立，就要求调解员不能与所争议的问题有个人利益关系，不能与当事人单方接触。[①] 调解员应保守秘密，没有当事人的同意，对于为调解准备的文件、调解过程中一方做出的承诺、一方提出的有关可能解决争议的建议或观点、调解员提出的建议或观点、是否有表示考虑解决问题建议意愿的事实，在任何诉讼程序中都不能作为证据。第四，调解协议的效力。调解协议可以应当事人的请求由环境审判机构以法院的司法文书形式进行确认，也可以调解协议直接结束诉讼。调解协议一旦获得司法确认，就获得执行力。第五，环境调解程序与环境诉讼程序的衔接。环境案件经过案件管理程序进入调解后，如调解不成，即可转入诉讼程序，在诉讼程序中，如当事人又有调解愿望，只要在法院判决前，又可进入调解程序。第六，调解不收费用，但对达成的调解协议反悔而进入审判的，环境审判机构对那些在重新审判后未能获得比调解协议更有利结果的申请人收取一定费用以作惩罚。

---

① 沈跃东:《论环境法庭的裁判程序》,载《东南学术》2010 年第 5 期。

第三节　诉讼制度的创新

一、诉讼资格的放宽

(一)环境诉讼诉因的扩展与诉讼资格的放宽

从当前的司法制度来看,起诉主体问题是专门环境审判机构运作的薄弱环节。我国现行民事诉讼法和行政诉讼法将原告资格都限于"直接利害关系人",但环境问题具有群体性、流动性、累积性、综合性、潜伏性、受害对象的不特定性等方面的特点,这使传统诉讼的原告资格的要求与环境损害司法救济的要求相去甚远。

传统民事诉讼和行政诉讼在涉及环境保护时,诉因基本上是对当事人人身权和财产权的侵犯。而环境诉讼的诉因不仅仅在于当事人人身利益和财产利益的受损,更在于公众的环境利益的受损。环境舒适性等生态性损害是环境诉讼的基本诉因。同时,环境诉讼中的诉因不仅仅在于直接的、有形的损害,更在于间接的、无形的损害。依照传统的法律理论,构成侵权的要件之一是,侵害必须是可见的或可触知物体的损害,而且这一损害必须是直接的损害,因此,环境损害的受害人的人身或财产权益如未直接受到他人行为的侵害,也就没有权利对该行为者的侵害提起诉讼。但这一理论在环境保护日益受到重视和科学发展的今天,在环境诉讼中已经被抛弃。美国俄勒冈州上诉法院在 1968 年的戴维斯诉佐治亚太平洋公司案中判决,"在本州,传统的概念即侵害必须是可察觉的和可见的物质的直接侵害已经抛弃,在马丁诉雷诺兹案中,我们制定经由空气运输的颗粒物在他人土地上的沉降构成侵害,尽管这种颗粒物小的在大气中看不见”。[①]

与诉因扩展相关联的就是原告资格的扩张。传统诉讼理论认为，原告必须是权利受到直接侵害的人或是法律上受保护利益受到侵害的人。但随着环境诉讼诉因的扩展，环境诉讼的原告不再仅仅限于财产利益、人身利益受到侵害的人，而且还包括环境利益受到侵害的人，包括间接受到环境污染或破坏行为侵害的人。这就意味着必须突破传统民事诉讼和行政诉讼关于原告必须是与案件有直接利害关系的限制，只要具有“事实上的损害”就可以认定原告具有起诉资格。“事实上的损害”包括财产、人身上的损害，也包括环境生态上的损害；既包括有形的损害，也包括无形的损害。同时我们还应注意，环境利益作为新型的社会利益，具有复杂的表现形式，其中一部分已为环境实体法所明确，体现为法律利益，但还有更多隐含在宪法的宣示条款或环境实体法的一般性条款里，需要法院的阐明或推动。这就意味着随着公众对环境利益的追求，环境诉讼关于诉讼资格的判断，不应受“法律利益”享有者的束缚，而是要从环境利益主张者是否具有值得法律保护的利益出发来判定当事人的原告资格。关于这一点，美国、日本等环境诉讼发达的国家已经在司法实践中明确。在1972年的“塞拉俱乐部诉莫顿(Sierra Club v. Morton)”案中，美国联邦最高法院指出环保或其他团体在自己成员的环境利益受到实质上的损害时享有起诉权。同时，又指出所谓“事实上的损害”并不局限于经济利益上的损害，还包括美学、自然保护、经济、娱乐等方面的损害，强调“审美和优美的环境如同优裕的经济生活一样，是我们社会生活质量的重要组成部分，许多人而不是少数人享受特定环境利益的事实并不降低通过司法程序实施法律保护的必要性”。[②] 在日本，许多法院为了适应环境保护诉讼的需要，已经采用“值得保护的利益说”来弥补“法律上保护的利益说”的

① [美]J. G. 阿巴克尔等：《美国环境法手册》，文伯屏等译，中国环境科学出版社1988年版，第115页。

② Sierra Club v. Morton 405 U. s. 727(1972).

不足。

因此,随着诉讼利益理论的发展,即只要当事人存在通过诉讼获得一定的利益,从而有司法保护的必要性,法院均应许可该当事人作为正当当事人进行诉讼,环境诉讼无论是私益诉讼还是公益诉讼,起诉资格都得以扩展,尤其是为无直接利害关系人提起环境公益诉讼提供了理论依据。

环境污染或环境破坏行为所引起的损害具有特殊性,首先是对环境的损害,其次才是通过环境媒介对人的损害,并且在许多情况下,人的损害还不一定存在。这种特性决定了环境公益诉讼与私益诉讼在适格当事人上的不同。环境私益诉讼的适格原告是遭受到财产侵害、人身侵害和私益性环境权侵害的人,而环境公益诉讼的适格原告并不要求有这些损害的发生,只要有导致公益性环境权和生态平衡发生危险或损害的行为,任何人都可以提起诉讼,包括国家机关、公民、法人以及其他社会团体。当然,自身利益受到直接侵害的人也可以提起环境公益诉讼,但前提是诉讼请求不在于自身的损害赔偿,而是在于停止某种对环境产生危险的行为。也就是说,环境公益诉讼的适格原告的判断标准,在于单纯的社会公益。“原告申诉的基础并不在于自己的某种利益受到侵害或胁迫,而在于希望保护因私人或政府机关的违法行为而受损的公众或一部分公众的利益,因此,这里提出的是在传统的限制资格的原则下,原告如果不能向法院提出诉讼,该如何处理。”①在此情形下,环境公益诉讼起诉资格的实质问题是起诉人是否能表明一些实质性的不负责任或滥用职权而导致的环境危险或损害,而不在于是否涉及他的个人权利或利益,从而使越来越多的公民个人或其他组织通过司法力量维护环境公共利益。也即通过开放式的起诉资格制度保证社会公众参与环境保护,从而推动多方参与环境的“治理”模式的建立和完善。

---

① [意]莫诺·卡佩莱蒂:《福利国家与接近正义》,刘俊祥等译,法律出版社 2000 年版,第 82 页。

(二)环境公益诉讼适格原告的关系

不过,虽然环境公益诉讼的诉讼资格具有开放性,公民、环保团体、国家机关都具有原告资格,但考虑这些主体不同性质和能力,他们在诉权行使上其实是有差别的。

(1)在这些适格主体中,环保团体是最佳主体。环境司法中,环境团体诉讼与单个的环境公民诉讼相比更具有优势:首先,团体诉讼可以避免单个公民之诉在财力和信息上的弱势,从而防止廉价正义的出现。对比个人而言,团体在信息网络、证据收集、法律了解以及和政府、企业的谈判能力等方面都具有不可比拟的优势。而这些方面的内容对于诉讼的进程和诉讼目的的实现都有至关重要的影响。同时,团体的筹资能力也保证在诉讼成本上比公民个人能够支撑诉讼的进行。其次,团体诉讼可以避免因适用多数人诉讼而带来的大量复杂的诉讼技术问题,解决群体当事人的诉累问题,减轻法院的诉讼负担。多数人诉讼就意味着诉讼程序更加烦琐,诉讼环节更加复杂,而团体作为独立的诉讼主体提起的诉讼,则不存在这些问题。再次,环保团体的宗旨和团体组成人员对环保的热忱能够保证公益诉讼不会偏离公益维护的轨道,陷入利益纠葛的泥潭。此外,由于环保团体组织是公益性的专业团体,能够吸收环保专家、法律专家提供良好的技术支持和法律服务,从专业的角度保证公益目的的实现。最后,环保团体的有组织性和公益性,决定它比公民个人更关心环境健康,更关注环境开发活动,也更有效和更积极地开展公益诉讼活动,从而避免在诸多环境事件中公益无人代表的窘境。近年来,我国公众环境意识虽有了很大进步,但缺乏主动参与的意识,特别是面对着环境公共利益受到损害的情况下。如中国政法大学污染受害者法律帮助中心曾在两年来收到 2900 多个投诉电话,但多是公民直接受害,很少涉及整个地区或者整个领域的环境污染诉讼,[①]这表明团体诉讼有广泛的空间。

环境团体诉讼比检察机关、环保行政机关提起环境公益诉讼也具有优势:首先,环保团体的民间性使其独立于政府机构,没有利益纠葛的牵涉,对普通民众具有亲和力,其保护环境的诉讼行为能够获得民众认同。而特定国家机关由于受制于当地政府,有一定的利益牵连,其决策及行动易受政府态度牵制。其次,环保团体的中立性使其能够很好地充当环境保护的“看门犬”。环境团体诉讼既针对环境污染者、破坏者的污染、破坏行为,也针对政府机构的不遵守环境法律行为和不履职行为。相对于特定国家机关而言,能够避免他们在提前环境民事公益诉讼的时候自身又陷入行政诉讼的尴尬。最后,环保团体的宗旨定位使其能够投入较多精力进行环境公益诉讼。环境机关、检察机关都可以被赋予环境公益诉讼的诉讼资格,但其职责定位决定了其不能将提起环境公益诉讼作为其主要工作任务,具有被动性。因为检察机关的主要任务是进行刑事追诉,惩治犯罪,环保行政机关的主要任务是进行环境执法,预防、控制和治理环境污染和环境破坏,而环保团体基于其保护环境公益、维护生态安全的宗旨能够全身心投入环境公益诉讼案件之中去。

(2)不同国家机关的环境公益诉权行使应当有顺序差别。检察机关是为了维护公共利益而设立的,其与生俱来的公共性特征决定了检察机关在公共利益受到损害的时候,为了维护和恢复公共秩序,必须有所作为。这当然也包括在环境公共利益受到损害的时候,检察机关也不能袖手旁观,所以检察机关和环保行政机关都是环境公益诉讼的适格原告。但检察机关自身的性质和任务决定了环境公益诉讼不适宜作为其主要工作内容。在我国,检察机关作为司法机关,主要承担刑事公诉之责,即对违法刑事法律的行为提起诉讼,要求法院定罪量刑;而检察机关作为法律监督机关,主要是对其他司法机关适用法律的行为和行政机关的执法行

---

① 中华环保联合会:《中国环保民间组织现状调查报告》,载 http://cn.chinagate.cn/reports/2007-06/18/content_8406921.html,最后访问日期:2015年11月20日。

为进行监督。检察权的赋予,在于根据国家权力的分工和制衡,防止其他国家权力的滥用,它基本不涉及对个人领域的干涉,因为它们都有相应的管理机关。所以,我国现行法律虽然赋予检察机关对个人、企业提起公益诉讼的权力,但受各种因素的限制,检察院不可能包揽公益损害时的保护之责。原则上,强大的检察权可对应强大的行政权,而不要绕开具体的管理部门直接对应私人;否则,会造成权利体系的混乱。所以,在环境公共利益受到侵害的场合,由检察机关首先来提起环境公益诉讼是不太适宜的,因此检察机关提起环境公益诉讼有相应的前置程序,环境公益诉讼也不可能成为检察机关工作的侧重点,这样有可能会损害环境公益保护司法救济的通道。

可以说,在保护环境公共利益方面,由环保行政机关来行使环境公益诉讼的诉权比检察机关可能要适宜一些。其理由在于:其一,环保行政机关更适宜作为环境公共利益的代表。检察机关是公共利益的代表,并无疑问,但是,环境公共利益的直接代表却并非检察机关。在我国,宪法确定环境保护是国家的一项基本职责,而国家的环保职责需要通过一定的机关来实现,这个机关就是行使环保管理职能的专门机关和其他机关。维护环境公共利益是环保行政机关正当性的内在要求,他们负有通过各种措施和途径对国家管辖权内的环境、资源加以妥善保护、改善和管理的义务。因此,环保行政机关以公众受托人或国家的环境资源所有权代表人的身份对侵害环境公共利益的行为提起环境公益诉讼已内化为环保行政机关的基本履职行为。其二,环境民事公诉的专业性决定了环保行政机关更适宜担任环境公益诉讼的原告。造成环境污染和环境破坏的原因很多而且复杂,常常表现为隐蔽性、滞后性、综合性,致使污染破坏行为与损害后果之间的因果关系难以确定,甚至损害后果也难以衡量。对环境损害的因果关系的判定,危害程度的鉴定,损害后果的定量,都需要通过分析、化验、科学实验等多种技术手段才能得出科学的结论。环境纠纷涉及科技因素,需要专门的证据收集方法和技术性手段,而这是检察机关所欠缺但环境保护机关所拥有的。更重要的是,对环境纠纷所涉科学不确定性的问题的认识,需要环境保护方面的政策性判断,环境保护机关作为专门的政策执行机关无疑在要求采取预防性措施方面更具有专业性的判断。所以,专业性的判断、专业性的制度来解决环境公共利益纠纷的要求决定了环保行政机关的环境公益诉讼的原告资格的恰当性。

当然,环境行政机关行使环境诉权不是没有条件的,环保行政机关提起环境公益上诉应当满足一定的条件:第一,是以公益代表人的身份提起,其诉求是保护环境公共利益。对于环境污染或环境破坏造成的私人利益损害,即使是群体损害,也只能由受害者自身提起损害赔偿,而不能由环保行政机关越俎代庖。因此,在紫金矿业案中,当地政府代替环境受害者提起诉讼不是真正意义上的环境民事公诉,也是不妥当的。第二,运用环保管理行政权力不足以或不能保护环境公共利益。环保行政机关享有法律所规定的现场检查、行政处罚等行政权力来行使其法定职责。但环境行政权力的范围和环境公共利益受到损害的情形并不是完全一致的或者说并非所有的环境公共利益受到损害的情形都可以通过行使环境行政权力来进行救济。另外,还存在即使环保行政机关穷尽行政手段仍然不足以保护环境公共利益的情形,如在松花江污染案中,即使环境行政机关按照法律顶格罚款,也难以弥补松花江所遭受到的生态损害。

因此,在环境公益诉讼的国家机关起诉主体的序列里,检察机关处于次位的位置,承担的是补充性起诉职责。即在环境公共利益损害情形发生后,首先应由环保行政机关来行使诉权,只有在环保行政机关经检察机关督促起诉后仍然没有或无力提起环境公益诉讼的情况下,检察机关才转而行使公益诉权。这样的制度安排既保证了环境公益诉讼的通畅性,也避免了对检察机关角色混乱、专业性不足的质疑。如云南省昆明市检察院在这方面就进行了有益的尝试,正是它率先破冰,向昆明市环保局发出了《民事督促起诉决定书》,督促负有监管职责的市环保局提起环境民事公益诉讼,从而促成昆明市第一起环境公益诉讼案件。不过遗憾的是,在我国正式确立环境公益诉讼制度后,除了海洋管理机关外的环保行政机关并没有得到公益诉讼资格的明确法律授权。所以,检察机关提起环境民事公益诉讼的前置程序并不适用于环保行政机关,这也使其效果大打折扣。因此,我们在完善公益诉讼制度时,应该要重点考虑环保行政机关的诉权及其行使问题。

(3)国家机关提起环境公益诉讼即环境公诉与公众(包括公民个人、环保团体)提起环境公益诉讼即环境公民诉讼的关系。

很显然,国家机关机关的环境公益诉权和公众的环境公益诉权在行使时可能会产生冲突,即对同一损害环境公益的行为,公众和国家机关都可以提起环境公益诉讼。因此,必须注意国家机关提起环境公益诉讼和公众提起环境公民诉讼的协调,防止加大法院的诉讼负担和违背"一事不再理"的诉讼原则,同时又要保证公众的参与和政府的支持。在这方面,美国实行的诉讼参加制度值得借鉴。美国《清洁水法》第365条规定,公民在环保局局长或州政府已开始且积极诉诸联邦或州法院采取民刑措施以要求污染者遵行前述标准、限制或命令时,公众不得提起公民诉讼,但任何公民都可以在联邦法院中参加诉讼;而环保局局长也可依其权利参加公众已提起的公民诉讼。由此,我们应当这样理顺环境公益诉讼和环境公民诉讼的关系:如果环境管理机关已将违法的污染源诉诸法院,公众便不得提起公民诉讼。然而,这并不意味着环境管理机关已毫无疑问地在履行法定职责,因而应当允许关注该环境公益的公民参加,直接参与该纠纷的解决并督促环境管理机关的管理行为。同时,对于已经依法提起的环境公民诉讼,国家机关不得再针对该环境侵害行为提起环境公益诉讼,但适格国家机关也可以参加已提起的公民诉讼,对其提供法律上和技术上的支持。

二、受理范围的扩大

科学、合理地确定专门环境审判机构的受理范围,对于环境司法的健康运行和持续发展是非常重要的。在这个问题上,各国的做法都有所不同,但均涉及环境污染案件和生态保护案件。从我国的实践看来,各地环保法庭在受理范围上有一定的差异,主要体现在有的只受理环境污染类案件,如海南的环境保护审判庭,有的只受理生态保护类案件,如福建的生态资源审判庭,有的这两类案件都受理,但限于一定范围,如贵阳、无锡的环境法庭,这使我们有必要明确专门审判机构的受理范围。根据环境审判机构的定位和环境纠纷的特性,专门环境审判机构应当受理的案件是环境污染案件、生态保护案件,其中包括环境公益诉讼案件。

生态破坏纠纷和环境污染纠纷性质一样,都属于环境纠纷。从理论上讲,环境法所调整的社会关系包括两个方面的内容:一类是与合理开发利用自然资源和保护生态环境有关的社会关系,这类关系可称为生态环境保护关系。另一类是在防治环境污染和其他公害、改善环境质量过程中发生的社会关系,又称为污染防治关系。这两类关系是人类在开发利用、保护改善环境资源过程中产生的社会关系的两个方面,两者相互联系,不能截然分开。合理利用自然资源、保持生态系统的平衡有利于充分利用环境的自净能力,在环境容量内防治环境污染和其他公害;而防治环境污染和其他公害、改善环境质量又是维持生态平衡的必要条件。因此,虽然我们可把前者相对应的法律规范称为生态环境保护法,如《水法》《森林法》等,后者对应的法律规范称为污染防治法,如《水污染防治法》《大气污染防治法》等,但它们都是环境法的组成部分。而且,作为生态环境保护单行法和污染防治单行法的它们都要受到综合性环境保护基本法即《环境保护法》的指导。所以,《环境保护法》的原则性规定对于这两类法律关系都是适用的。生态破坏纠纷和环境污染纠纷都属于环境纠纷,在解决途径和适用规则上应当是一致的。因此,那种对环境案件在受理上进行人为的割裂,导致不同的环境案件在不同审判组织审理的做法是与环境司法保护的要求是不一致的,专门环境审判机构的受理范围理当包含这两类案件。

不过,我们仍然要注意到,在我国现行有关环境案件的规定中,为环境保护案件所设置的特殊规则仅限于环境污染诉讼。如 1992 年最高人民法院《关于适用〈中华人民共和国民事诉讼法〉若干问题的意见》第 74 条第 3 项规定,因环境污染引起的损害赔偿诉讼由被告负举证责任。2002 年实施的最高人民法院《关于民事诉讼证据的若干规定》第 4 条规定:"下列侵权诉讼方按照以下规定承担举证责任……因环境污染引起的损害赔偿诉讼,由加害人就法律规定的免责事由及其行为与损害结果之间不存在因果关系承担举证责任……"2010 年实行的《侵权责任法》有关环境侵权责任的特殊规定体现在第八章"环境污染责任"。2015 年实施的最高人民法院《关于审理环境侵权责任纠纷案件适用法律若干问题的解释》第 1 条前半段规定,因污染环境造成损害,不论污染者有无过错,污染者应当承担侵权责任。这样的限定使在司法实践中,环境污染案件适用特殊侵权诉讼规则,而生态破坏案件适用一般侵权规则,这就会出现同为环境受害人但因为受害的原因不同而承担的举证责任、诉讼成本轻重程度完全不同的情况。生态破坏的受害人因为得不到法律的倾斜保护,而在诉讼中处于不利的位置,其诉讼请求很难得到支持。在这样的情况下,专门环境审判组织应当通过对这两类案件的审理,促进其程序适用规则的一致。

在环境公益诉讼的问题上,纳入专门审判机构的受理范围,无论是在理论上还是在实践中都没有多大异议。但是需要强调的有以下两点:第一,环境公益诉讼包括所谓的环境民事公益诉讼和环境行政公益诉讼。即对环境损害者的公益诉讼和对环境行政机关的公益诉讼。对环境损害者的环境公益诉讼是针对私行为的,需要处理的是环境公益和私行为所追求的私益间的利益平衡关系,即特定人的私人利益与不特定人的环境公益的冲突问题。对这一问题的合理解决的基本准则是达到两者间利益的最优配置。既有利于环境公益的维护,减缓个人权利行使对环境公益的损害,引导个人权利以合理的方式运行;同时又有利于个体利益的保障,保证不致因对公益的整体性保护而漠视私益的实现。但在二者不可调和时,环境公益应当优先于个人利益。对于环境行政机关环境公益诉讼是针对公行为的,则基于行政行为所具有的公益性,所要处理的是某种环境公益和行政行为所指向的公益间的冲突问题。当然,该行政行为是否为公益目的而作,是诉讼中要展开的问题。在诉讼中通过对两者的考察,决定协调二者实现的措施和方式,如果存在严重的冲突,则通过对立法目的和精神的分析,在可持续发展观的指导下,作出取舍。通过法院对该行政行为的政策分析和法律分析,对今后行政机关作出类似的行政行为起到一种价值导向作用,而使环境保护政策得以实现和贯彻。在美国的环境保护实践中,公众或环保团体发现,把有限的精力、时间和经费用在迫使政府完善或执行环境法规和规章上比用在取缔个别污染源上更有意义。所以,尽管美国在管辖权和诉讼费用问题上对公民诉讼作了有利的规定,但公众仍然较少针对污染者提起公民诉讼。公民诉讼的主要对象是行政机关的非自由裁量行政行为。可以说,通过公益诉讼的途径来监督环境执法应当是环境公益诉讼的发展方向。实践上,有些地方很早之前就已经在做环境行政公益诉讼方面的尝试,2010 年《贵阳市促进生态文明建设条例》就规定,检察机关、环保公益组织为了环境公共利益,可以依照法律对涉及环境资源的具体行政行为和行政不作为提起诉讼,要求有关行政机关履行有利于保护环境防止污染的行政管理职责。在地方立法及实践的推动下,2017 年修订的《行政诉讼法》明确了检察机关可以提起环境行政公益诉讼。但目前,行政公益诉讼仅仅是检察院有资格提起,对于其他主体尤其是环保组织的行政公益诉讼的诉讼资格仍然没有确认,在立法上可以考虑社会公益组织和热心公益事业的自然人加入。①

第二,针对环境行政机关提起的环境公益诉讼应当包括对具体行政行为和抽象行政行为的的司法审查。我国现行行政诉讼法只建立了对具

---

① 参见沈岿:《检察机关在行政公益诉讼中的请求权和政治责任》,载《中国法律评论》2017 年第 5 期。

体行政行为进行合法性审查的制度。实际上,政府及其职能部门的环境决策、行动、计划、规划等,一旦出现失误对环境造成的危害更为严重,行政机关不考虑环境后果的作为或不作为,对公共利益的损害大多超过污染企业的污染行为。“现在众多的政府行为对广大范围内的生态环境产生重大的影响,甚至影响到子孙后代的利益,例如拦河大坝的修建会造成河流两岸的大规模的生态破坏,核电站的建设会造成不可预料的环境影响。因为这类环境方面的影响有全社会来承担而并不直接对任何单个公民的利益,按照传统的行政诉讼理论,便没有人有资格对这类影响环境行为提起诉讼。这样对这些最具危险性的政府来说便根本没有监督的途径。”①在国外专门环境审判机构的实践中,有关环境的规划、许可乃至政策都是司法审查的重心。因此,对环境行政机关提起的环境公益诉讼应当扩及抽象行政行为。

三、证据规则的改革

(一)举证责任分配

结合环境诉讼的特点,我们可以从下面几个因素考察环境案件举证责任分配问题。

第一,举证的难易。如果将某一案件事实的举证责任加在远离证据材料并且缺乏必要的收集证据的条件和手段的当事人身上,而占有或者接近证据材料,有条件有能力收集证据的另一方当事人反倒不负举证责任,那就势必造成显而易见的不公平。因此,转换举证责任便成为清除由此产生的不公平的合乎逻辑的手段。② 举证难易又取决于两个因素。一是接近证据的难易。在环境案件中,原告对自己所受的损害是清楚的,往往也能证明,但对于发生损害的机理和逻辑过程,对于被告的环境污染或

① 汪劲、田秦:《绿色正义——环境的法律保护》,广州出版社 2000 年版,第 205 页。

② 参见崔四星:《民事举证责任倒置问题研究》,载何家弘主编:《证据学论坛》(第 6 卷),中国检察出版社 2003 年版,第 130 页。

破坏行为与损害结果的因果关系，却提不出充分、有力的证据。这是由环境诉讼的特点决定的，环境损害原因行为的相关资料和环境损害产生的基本过程都为加害者所掌握，原告很难取得也没有能力取得证明“因果关系”的证据和资料。这体现在原告一般都不具有相应的专业知识，从而难以知晓污染物可能造成的种种危害后果；原告难以进入被告的企业去了解污染物产生和排放情况，无从掌握被告是否采取了有效的防治措施；即使原告具备了这方面的专业知识和检测手段，处于对技术秘密的考虑，被告也会将原告拒之门外。因此，在环境诉讼中，在损害结果方面，受害者处于离证据距离较近的一端，而在因果关系方面，受害者处于离证据距离较远的一端。二是收集证据能力的强弱。在环境诉讼中，原告一般是公民个人，而被告往往是在经济和信息上处于优势的单位企业。无论从人力、物力、财力来说，还是从技术知识、检测手段来说，原告都不如被告，被告收集证据的能力明显强于原告。因此，在环境案件中，被告就环境损害行为与损害结果之间无因果关系或免责事由负举证责任，而原告就损害事实承担举证责任的安排既可以使原告摆脱举证不能的困境，又不给被告举证造成太大的困难，符合矫正环境诉讼结构和公平的需要。

第二，是否符合环境法的立法宗旨。法律是用来调节各种社会矛盾，平衡各种相互冲突的利益和需求的。在相互冲突的利益和需求面前，立法者不得不做出艰难的选择，让法律向其中一方倾斜。鉴于环境问题的严重性，各国都加大环境立法的力度以促进环境保护，促进公众参与，因而对环境受害者和公众环境利益的救济就放在立法特别重要的位置。举证责任分配作为诉讼程序中的基础问题，应当体现环境法的这种考虑，通过合理的规则设置，利用风险承担的压力迫使加害者积极举证解决环境受害者的受偿问题，解决及时制止环境污染和环境破坏的问题。另外，公众参与最明显、最有效的途径是提起诉讼，因而应当为公众提起诉讼提供程序上激励措施。举证责任分配规则中对受害者举证负担的减轻，无疑会激发受害者、公众对环境保护的关注,出于环境安全性的忧虑,而积极投入要求加害者停止环境污染或环境破坏,要求损害赔偿而并不顾及损害额的多少。

第三,平等保护的要求。让加害者承担主要的举证责任并不意味着受害者不承担举证责任。诉讼平等保护原则应当得到尊重和体现,即使加害者拥有强大的经济势力,但要求他承担所有的举证责任仍然是有违公正的,这会导致程序发出"劫富济贫"的错误信号,影响事业者的事业发展。所以在环境诉讼中,举证责任的配置仍应考虑公平、证据距离、经验规则等多种因素,在保护受害方的同时,不应过度加重对方证明责任。在具体的案件中,举证责任分配上还需考虑危险领域说、盖然性说和损害归属说等适应新型诉讼的举证责任分配理论确定具体的举证责任承担者。由于实体法规定不可能面面俱到,而趋利避害的本性使当事人又可能隐瞒证据,这就需要法院行使职权对个案进行举证责任的配置。在环境侵权诉讼中,法官的依职权分配举证责任从程序法的角度可以避免一般举证责任原则下难以达到的立法目标或不符合立法精神的情形出现。这就是说,如果原告提出某一有利于自己的侵权事实,而证明该事实的关键证据处于相对方的控制之下或对方无正当理由拒不提供时,法院可以推定该事实成立,以实现公平正义的诉讼目的和司法的经济与效率。

第四,证明任务。在针对行政机关提起的环境诉讼里,证明任务是环境行政行为的合法性问题,即环境行政行为的作出是否有法律依据和事实依据。鉴于行政法规、行政规章以及相应的规范性文件数量之多,内容之繁杂,且考虑到依法行政的要求,应当由环境行政机关承担提供合法性依据及事实依据的举证责任。有人认为,环境污染或破坏行为具有特殊性,表现为该行为与其危害后果之间的因果关系具有隐蔽性与复杂性,他人对违法排污企业的生产工艺设施、污染物排放种类、数量、浓度及迁移转化规律无从了解,很难证明这种因果关系,因而在针对行政机关的诉讼中,污染者也应对事实根据负举证责任。[①] 这种看法显然没有看到这种诉讼的证明任务的性质,而将其与对环境侵害者的诉讼的证明任务看作一样。

因此,为保证及时有效地制止污染和破坏环境及其对人身或财产造成的损害,在环境实体法规定无过错责任的同时,程序法上应规定相应的举证责任分配原则。这种分配原则是:加害者对其行为没有产生污染或破坏以及免责事由进行举证;受害者对损害行为、损害的事实和二者可能的关联程度以及损失的大小负举证责任;环境行政机关对其环境行政行为的合法性负举证责任;其他可能出现的待证事实或主张的举证责任由法院根据案件的具体情况从平等保护、公平原则和诚实信用原则出发,综合当事人举证能力等因素确定举证责任的承担。

(二)因果关系推定规则

因为环境违法行为的形式复杂,环境危害后果大多是致害行为与污染物的作用机制共同相继完成,隐蔽性较强;环境污染物种类繁多,相互之间以及与环境作用形式复杂,使因果关系认定容易出现偏差;绝大多数环境危害后果的产生是污染物长期累积的结果,且危害也有一定的潜伏期,这使危害行为与后果之间存在时间差,表现为不连续性、不紧密性和隐蔽性,而且由于时间过长,证据也容易灭失;要证明环境侵权与损害事实之间的因果关系,还必须具备相关的专门科学技术知识和仪器设备,当事人的在人力、财力和科学技术方面都有一定的局限性。在这种情况下,如还强调直接、确切的因果关系的证明,无疑是放弃环境损害的救济。

由于环境问题的复杂性及科学技术水平的限制,要重新看待环境诉讼中的因果关系认定。不再采取传统法所采用因果关系确定原则,而只要达到或然性标准就可以了。而这种或然性的证明,主要靠依赖于经验事实的因果关系推定来完成。因果关系推定的内涵在于当受害人对因果

---

① 参见胡宝林、湛中乐主编:《环境行政法》,中国人事出版社 1993 年版,第 228 页。

关系的举证达到表示相当程度的证明，即达到大致证明的程度但尚未达到必然性证明程度的举证，因果关系就应被推定成立，被告如果否认的，则应由其作出令人信服的实质性证明。我国2002年施行的最高人民法院《关于民事诉讼证据的若干规定》，2010年施行的《侵权责任法》实际上对于污染案件的因果关系规则也确认了这一点。

不过，因果关系推定的方法因具体案件的因果关系之复杂性与多样性之不同而有所差异，每一推定方法所适宜的案件是有限的。因此，应当根据不同情况采用疫学因果说、盖然性说、间接反证说、事实自证说等方法来推定因果关系。“这些方法从保护受害人的利益出发，以加害结果为依据，以及时赔偿为目的，以举证责任的转换为特点，原告不必作严格的证明，只需作表明性证明，倘若被告不能做出推翻的反证，便认为因果关系存在。”[①]因为环境案件是复杂和多样的，它需要多样性的因果关系推定方法甚至是组合的推定方法与之相对应，以明确环境损害行为与损害事实的关联程度。日本的司法实践很好地说明了这一点。同为公害病诉讼，富山骨痛病诉讼审判适用的是疫学因果关系推定法，而新潟水俣病审判则适用了间接反证法。在德国，针对环境侵权因果关系的认定困难，在环境法中明确规定实行因果推定的原则和因素，即要根据“从业过程，使用设备，投入，排除物质的种类，浓度，气象学的诸元素，损害发生时的时期、场所，损害的样态，个别事例中看上去对损害发生具有积极、消极作用的其他全部的状况”来认定因果关系的适当性，如在具备因果关系存在的盖然性被认可的情况下、被证明的情况下，推定因果关系的存在。[②]

（三）环境鉴定与环境监测规则

环境损害复杂多样，侵害行为与损害后果之间的因果关系难以认定，损害后果范围广泛，涉及人身、财产、生态甚至精神损害。因此，相关损害

---

① 吕忠梅:《环境法》，法律出版社1997年版，第218页。

② 参见德国《环境保护法》第47条。

事实、因果关系、损害结果的确定在相当程度上依赖于以技术性手段和方法为基础的环境鉴定和环境监测的结果,所以完善环境鉴定和环境监测制度对于环境案件的解决是非常重要的。

在环境鉴定方面,目前最核心的是解决专门性的环境司法鉴定机构的缺乏问题。环境司法鉴定机构系指在环境诉讼活动中对诉讼涉及的环境污染、生态破坏及其产生的损害等专门性问题进行检验、鉴别和判断并提供鉴定意见业务的机构。

由于环境污染损害的成因较为复杂,涉及相当多的自然科学门类,多年来,有些相关部门及机构不同程度地开展了环境污染损害成因的技术鉴定工作,作出鉴定结论的单位有若干个,多头鉴定,五花八门的结论、意见、报告、说明等,最终谁的鉴定结论具有权威性,是合法有效的,采信哪家的鉴定结论,很难判断。在环境污染损害赔偿数额的评估方面,主要由相关部门或有关机构去完成,其环境污染损害赔偿数额的多少,严重参差不齐,对及时、有效、公正处理环境污染损害赔偿纠纷带来较大难度。由于没有统一的环境污染损害赔偿数额的评估原则及范围、评估程序、评估方法及评估标准等,①因此,造成环境污染损害赔偿数额的各评估机构自行其是,随意性很大。环境司法鉴定是专业性与科学性的统一,要保证环境损害鉴定的合法、公正和权威,就要必要建立具有专业性和中立性的专门环境司法鉴定机构。这种鉴定机构属于社会性的技术鉴定机构,其技术资质由环保部审定,司法资质由司法部审定。目前全国还没有一家经环保部、司法部指定的环境损害评估的司法鉴定机构,在实践中一般都是某些鉴定机构经人民法院委托而进行环境损害鉴定,曾在2004年9月最高人民法院发布公告,批准江苏省环境科学学会为江苏唯一接受各级人民法院委托的环境司法鉴定单位。但这种做法只是权宜之计,如江苏省环境科学学会司法鉴定的范围中就没有环境污染损害结果的鉴定评估,

---

① 孙飞:《论环境污染司法鉴定机构的设置》,载《中国司法鉴定》2008年第8期。

其在合法性和权威性方面还是不够的,也完全不适应现在的环境案件的增长趋势和审理要求。

正是看到了环境鉴定的重要性和存在的问题,2015 年以来我国发布了一些关于环境司法鉴定的相关文件,朝着规范环境司法鉴定行为、建立统一的环境司法鉴定机制努力。如司法部、生态环境部先后联合印发《关于规范环境损害司法鉴定管理工作的通知》《环境损害司法鉴定机构登记评审办法》《环境损害司法鉴定机构登记评审专家库管理办法》《环境损害司法鉴定机构登记评审细则》等。

但在制度建设上,还要从以下几个途径上着手:第一,对于环境司法鉴定机构,生态环境保护部与司法部要构建统一的鉴定方法、鉴定标准、鉴定程序等规范,以保证鉴定的客观、公正、规范、科学、准确。现有的《环境损害司法鉴定机构登记评审细则》着重在于对不同环境损害类别的鉴定机构和鉴定人员的准入进行了规定。第二,确立鉴定责任制,鉴定人对鉴定结论负责。鉴定人不负责任和违法的,要承担法律责任。在出现重大失误或违法的情形下,鉴定机构要承担相应的民事赔偿和行政责任,但鉴定机构承担了民事赔偿责任后,可以向鉴定人进行追偿。第三,鉴定人有义务出庭,客观、公正地回答鉴定相关问题。

环境监测是环境监测机构按照有关的法律、法规和技术性规范的要求,运用科学的、先进的技术方法,对代表环境质量及其发展趋势的各种环境要素进行间断或连续地监视、测试和解释的科学活动。环境监测活动具有法定性、专业性和客观性等特点。鉴定结论是对于诉讼涉及的专门性问题,鉴定人运用专门经验和专业技能进行分析作出的结论。鉴定结论和环境监测报告具有一定的相似性,但鉴定结论更依靠专家的经验和评估过程,具有较强的主观性,而环境监测报告则是专业人员根据技术程序和标准对所采样品进行科学监测而得出的环境污染状况的判断,客观性较强。环境监测报告从形式和内容上讲应当归于书证,对其证明力的判断在于是否符合法定程序和技术规范。

由于环境侵权的特殊性，在环境案件中，当事人取证比较依赖环境监测结果。因为受害者没有任何监测手段，即使监测，由于没有资格认定，其监测结果也不可能被法院接受。而委托环保部门监测，环保部门往往不接受委托，或者接受监测后不给监测结果。所以，应当规定环保部门的监测机构必须接受委托和提供监测报告的义务。

（四）专家证人规则

专家证人起源于英美法系。根据《布莱克法律词典》的解释，专家证人是因受到学科科学教育，或从实践经验中活动并掌握了特殊经验，而在某一领域拥有较高的特别或专有学识的人，而未接受特殊训练的人则无法对此形成准确的观点或推断出正确的结论。[①] 因此，专家证人就是在庭审过程中，对某项专业性问题提供专业意见的具有专门性知识的人。专家证人是一种特殊证人，他与案件事实并无任何关联，只是运用他的专业知识来提供专业性意见，以帮助法官了解和判断专业性问题。

环境案件往往涉及较强的专业技术问题，但并不是所有的专业技术问题都能做出鉴定，有的是缺乏鉴定机构，有的是因为鉴定周期长、费用高而导致当事人不愿鉴定，有的是鉴定条件缺失，如 2004 年年底至 2008 年年底，虽然江苏省环境科学协会总共有 30 件环境司法鉴定委托，但实际完成的只占 1/3，其他因种种原因未能完成。[②] 即使有鉴定结论，部分案件的当事人双方争议也很大。这客观上不利于环境案件的审理，为及时有效审结环境案件，化解社会矛盾，同时也有效监督法官的自由裁量权，就有必要引入专家证人制度。

在涉及技术性或者专业性问题上，当事人可以聘请专门技术人员作为专家证人出庭作证。专门环境审判机构也可以邀请专门技术人员作为专家证人出庭阐明技术性或者专业性的问题，包括就污染问题、因果关

---

① Henry Campbell Black, *M. A. Black's Law Dictionary*, West Publishing Co. , 1979.

② 周杰：《环境司法鉴定案例分析与思考》，载《环境监测管理与技术》2010 年第 3 期。

系、损害结果等进行论证。对于专家证人出庭作证,当事人双方可以就其专家证人资格和作证内容进行质证,专门环境审判机构经过认证后,可以采行环保专家证言作为定案依据。

对于引入专业人员出庭作证,目前环保法庭的实践也有探索,曾经在昆明,昆明市中级人民法院与昆明市检察院联合制定的《关于办理环境民事公益诉讼案件若干问题的意见(试行)》就规定在环境公益诉讼中,专门技术人员可以作为专家辅助人出庭作证,专门技术人员的陈述可以作为证据;贵州中级人民法院也规定环保法庭可以聘请相关专家就污染问题、因果关系、损害结果等进行论证,充分听取专家意见,依照法律规定采信专家证言,依法作出判决。2016 年,江苏省高级人民法院审理一起环境民事公益诉讼案件,曾经聘请了东南大学能源与环境学院吕锡武教授作为专家辅助人。[①] 不过,实践中都将专家出庭作证视为法院职权,并且对其陈述是何种性质证据,能否进行质证等没有明确。在环保法庭实践的基础上,我国最高人民法院《关于审理环境侵权责任纠纷案件适用法律若干问题的解释》《关于审理环境民事公益诉讼适用法律若干问题的解释》等都对专家证言进行了规定,对于环境案件中的专门事项可以用准许有专门知识的人出庭,经质证可以作为认定案件事实的依据,实际上这些规则确认了环境审判领域的专家证人规则,但我国的《民事诉讼法》和民事诉讼法司法解释并没有将专家证人作为证据的类型,根据《民事诉讼法》及其司法解释规定,对鉴定意见有异议,可以申请具有专门知识的人出庭,具有专门知识的人在法庭上提出的问题视为当事人的陈述,这与环境纠纷案件审判中应引入的专家制度是不同的,另外,根据司法解释申请具备专门知识的人出庭,法院可以准许或不准许,专家证人的出庭与法院的自由裁量有关,这样并不利于该项制度的真正落地,因此,在环境审判机制改革中,应当将专家证人作为一种专门的证据制度确立起来。

---

① 湖南省高院环资庭课题组、郴州中院课题组:《环境公益诉讼案件审理情况调研报告——以司法实践为视角》,2017 年 11 月,第 50 页。

四、裁决机制的丰富

环境审判的裁决形式除了传统的判决形式和现有法律规定的责任承担方式外,还可以考虑:

(一)禁令的适用

传统诉讼基本上都是事后救济,以填补损害为要旨,损害赔偿或补偿的救济方式得到广泛适用。而由于环境保护的特殊性,环境遭受污染、破坏后,要消除其受到的危害,往往需要很长时间,有些危害甚至无法消除,因此环境损害具有不可逆性。同时,环境损害往往在侵害状态上呈连续性、反复性。这使环境诉讼必须广泛运用预防性手段和排除危害方式的,要求停止或排除正在进行或可能发生环境危害的行为,以防止环境损害的发生、扩大或继续,保证人们在舒适、健康环境中生存和生活的权利,保证人与自然的和谐相处。这种预防性手段或排除危害方式在环保发达国家通过禁令或禁止性判决的形式得到适用。美国联邦最高法院认为,"环境的破坏,实质上很难用损害赔偿金弥补。环境的破坏常常是永久性的,或者至少有很长一段时间难以恢复。因此,如果很有可能发生环境危害,减少危害的通常作法是颁布一项保护环境的禁令"。[①]

禁令包括永久性禁令和中间性禁令。[②] 永久性禁令是指现在正在发生的或将来可能发生的损害的停止或排除的终局判决。中间性禁令是指在诉讼终结之前,为了维持现状或变更现状所采取的暂时性救济方式,包括暂时性禁令和临时性禁令。在个案中,法院发布永久性禁令前要考虑以下因素进行利益衡量:应受保护的利益的性质,禁令与其他救济方式对

---

① [美]罗杰·W. 芬德利等:《环境法概要》,杨广俊等译,中国社会科学出版社 1997 年版,第 12 页。

② 禁令是英美法系国家所采取的救济方法,它对于法院对排除环境危害请求的支持有着重要的制度意义,因此我们在此借鉴这一概念反映环境诉讼中法院排除危害判决或命令。禁令相关内容可参见王明远:《美国妨害法在环境侵权救济中的运用和发展》,载《政法论坛》2003 年第 5 期。

原告的相对适应性，原告的任何不合理的迟延，有关原告的任何不当行为，如果驳回发布禁令之请求对于原告可能产生的后果，第三人及公众的利益，禁令的执行的实际可行性等。在此基础上，以维护经济发展、社会发展和环境保护之间的平衡为基准决定是否适用禁令。而对于中间性禁令的适用考虑下列因素：假如不准发布中间性禁令，对原告造成无法恢复的损害的威胁程度；如果准许发布中间性禁令，对被告可能产生的后果；原告胜诉的可能性；公共利益等。对于继续性、反复性的妨害，经法院依"利益衡量"方法进行判断，不适合发布禁令的，原告应得到代替禁令的赔偿，即"代替排除侵害赔偿"。

禁令的请求在国外环境诉讼中已非常普遍。在美国，根据普通法上公益妨害和成文法公民诉讼条款可提出禁令诉讼，根据私益妨害和"侵犯他人土地"提出禁令诉讼，要求排除环境侵害。在日本，对日照、采光和通风等生活妨害和主要侵犯私权的所谓"私害"提出"差止请求"诉讼，对道路公害、飞机噪声公害等主要侵犯公共利益的"公害"提出"差止请求"诉讼，要求侵害排除。在德国，既可以依据《联邦污染控制法》提出排除危害诉讼，也可依据《德国民法典》"不可称量的物质"条款提起侵扰排除诉讼。[①] 但在我国，法院往往不愿判令被告完善环保设施以排除侵害。司法实践中，受到环境侵害的受害者提起排除侵害和赔偿损害的民事诉讼并不少见，我国法院往往能满足受害者的损害赔偿要求，但极少支持侵害排除或排除危害请求。出现这种情况原因，主要在于传统诉讼欠缺适当的利益衡量方法和救济手段。我们应通过明确利益衡量的原则、禁令适用的条件和补充性手段来保证我们寻求经济福利和环境福利的努力在具体个案中能得到法院的认可和支持。即专门环境审判机构在具体案件审理中，进行利益比较、自由裁量，以维护产业活动与环境保护之间的平衡。对于不涉及受害人生命健康以及重大生态环境利益的情况下，通过"部分

① 王小钢：《环境法侵害排除和排除危害制度》，载《当代法学》2005 年第 3 期。

排除侵害”和“代替排除侵害赔偿”来允许产业活动继续。对涉及生命健康、重大环境利益或其他方法均不足以保护产业活动所损害的环境利益情况下,通过禁令坚持生存权、环境利益优先,即命令环境污染或环境破坏当事人采取或者限制采取某种行为,防止环境损害的产生、扩大或继续。

昆明市中级人民法院环保庭在实践中就引入了禁令制度,为此,该院还制定了《关于在环境民事公益诉讼中适用禁止令的若干规定》,对禁止令的申请程序、条件、效力和违法禁止令的责任等作出规定。根据该规定,当出现被告的行为可能严重危及环境安全或者可能造成环境难以恢复或者继续加重对环境破坏的情形时,人民法院应当采取果断措施,根据申请人的申请颁布禁止令,及时禁止被告的相关行为,避免出现诉讼期间侵权行为继续损害环境情形。

(二)惩罚性赔偿的适用

由于环境损害原因行为的社会妥当性,完全禁止可能产生环境影响的产业活动是不可能的,补偿性的损害赔偿仍然是对受害者进行救济的主要手段。但是在相当多情形下,补偿性赔偿还很难达到实现环境法的目的。这是因为在环境损害赔偿方面,补偿性赔偿还具有不足之处。这体现在:第一,没有考虑到如何抑制未来的环境损害行为的发生。补偿性赔偿只重于对当事人当前经济利益的弥补,而对克服或者预防可能再次发生的环境损害行为没有制度上的考虑。第二,没有区分加害者主观状态,特别是恶意的环境损害行为所带来的影响。对于环境损害而言,实行的是无过错归责原则,但这并不意味着对恶意损害行为和其他行为同等对待,应当有机制对恶意损害行为进行更严格的约束,防止这种行为示范效应的扩大而给环境带来不可挽回的损害。第三,对促进环境受害者主张权力的动力不够。当前,由于法律规定不够完善以及成本承担的原因,环境权益的救济相当困难,因此需要设计对权利主张者进行鼓励的制度。补偿性损害赔偿制度却并不具有这样的功能。第四,从受害者的角度来计算损害赔偿额使受害者获得合理赔偿变得困难重重。在环境案件中，受害者一方处于诉讼中的弱势地位，对于损害额在举证上困难。更严重的是，环境利益作为一种扩散性利益，利益享有者分散，而且其计算需要一定的技术支持。这使受害者的受偿之路困难而漫长。由此，我们有必要寻求新的救济方法来弥补补偿性损害赔偿的不足。

惩罚性赔偿是指对于侵害行为所导致的损害，法院判决要求加害者超出受害者所受实际损失的数倍进行赔偿的制度。美国惩罚性赔偿制度对其社会发生了巨大的作用，在我国这一制度的运用并不普遍，仅在《消费者权益保护法》《食品安全法》等法律里有体现。但是，考察该制度的功能和作用，在环境实体法或环境程序法里进行适当的建构，是有助于环境保护公共政策的实现的。惩罚性赔偿制度主要适用于这些领域：第一，在刑事制裁方面。作为一种强制性手段，对警察不法行为等实行惩罚性赔偿。第二，作为不法行为抑制手段的补偿性赔偿制度的适用存在不完善的领域。当不法行为出现时，如果加害者由此得到的经济利益远远高于被害者所蒙受的损失，那么就不能对加害行为起到完全的抑制作用，而惩罚性赔偿制度正好弥补了这一缺陷。这一制度正适用于危险性极高的事件。第三，由于被害者所蒙受的经济损失过小，无法从经济角度追究加害者的责任的领域。在这种情况下，惩罚性赔偿便能发挥有效的作用。第四，当有可能发生危害面大的不法行为时，虽然是行政活动，但只能依靠某个人去发现。为了维护公共利益，纠正不当行为，个人便成为私设司法长官，这里的惩罚性赔偿就是为了回报其辛劳而实施的。[①] 我们发现，除了刑事领域外，环境案件发生之情形与上述三领域均有吻合。环境污染或环境破坏是危险性极高的事件，而企事业、开发者却往往在产生环境损害的开发、生产活动中获得巨额利润。单就被害者所受的经济损失而言，与加害者的获益相比，不在一个重量级上。而受害者环境利益的丧

---

① 参见［日］小岛武司：《诉讼制度改革的法理与实证》，陈刚等译，法律出版社 2001 年版，第 32 ~ 33 页。

失,并不直接体现为经济损失,并不能从量上衡量,况且还存在一个难以证明的问题。因此,传统法上的补偿性赔偿显然不足以抑制环境损害者的行为,因为从成本效益上分析,他们愿意支付赔偿额而获得继续获得大量获利的机会,这些赔偿额只是其所获利益的九牛一毛而已。另外,在环境事件中,受害者往往人数众多,但单个人利益极小,由于成本的原因,受害人往往不愿或不能追求经济赔偿而等待搭便车的机会或最终放弃,这样的结果使加害者的污染行为或破坏行为更加肆无忌惮。这样的事例在我们的现实生活中已经是屡见不鲜了。环境案件牵涉环境公共利益更是个普遍的现实。因此,我们可以得出结论说,惩罚性赔偿制度应当是适用于环境案件的。

以前绝大多数环境诉讼都属于损害赔偿诉讼,近年来随着人们对环境问题复杂性和长期性认识的逐渐深入,环境诉讼的预防环境损害和形成环境保护的公共政策的目的或者机能得到了肯定。而惩罚性赔偿制度的功能适应了这一要求,因而能够在环境诉讼中发挥作用。惩罚性赔偿制度主要功能有二:一是预防和抑制功能。由加害者承担超额赔偿能够防止侵害行为再次发生,因为当侵害行为发生后,如果加害者由此得到的经济利益远远高于其对被害者所作出的补偿,那么就不能对加害行为起到完全的抑制作用,而如果加害人付出的代价远远高于其所获得的利益,基于一个简单的经济分析,他不会再进行类似的侵害行为。在环境案件里,加害者一方往往是财力雄厚的企业或组织,一般的补偿性损害并不足以抑制他放弃以环境资源为代价而谋取巨大利润的开发活动。而惩罚性赔偿的数额巨大,加害者为其环境损害活动付出的代价是向人数众多的受害者支付巨额赔偿金,这使他们再在进行类似的开发活动时就会采取对环境友好的态度。同时,既存的判例对其他的企业、组织也会发挥强大的警示作用,提醒他们对环境的损害会付出经济上巨大的代价,从而审慎对待开发活动。可以说,惩罚性赔偿制度的存在,对以他人环境利益以及环境资源为代价而无所顾忌谋利的行为提供了一个从经济上抑制的通道，对环境保护公共政策的形成提供了客观上的示范，要求公司、企业承担更多的社会责任。二是激励功能。受害者得到超额赔偿的设置，毫无疑问会起到鼓励他们行使自己的权利、提起诉讼的作用。这对于以社会弱势群体为一方的当事人来说，会减轻他们采取行动的心理压力和财政压力。在环境诉讼中，当事人分散且受害者所蒙受的直接经济损失较小，而且他们对环境损害存在的长期的潜伏的较大危险没有清醒的认识，如果缺乏一定的利益刺激机制，受害者是不愿或者无法采取针对加害者的行动的。惩罚性赔偿制度的存在，既为扩散性环境利益的享有者从经济角度追究加害者的责任提供了途径，也为他们主张环境权益提供了动力，更重要的是通过鼓励当事人提起环境诉讼而推动了环境法律的实施。

环境诉讼中惩罚性赔偿制度的基本内容主要体现在两个方面。一是适用条件。并非所有的环境案件都适用惩罚性赔偿。如果这种情形出现，不但会让加害者承担不应承担的经济压力，而且会对产业开发、经济发展带来负面影响，从而最终偏离可持续发展的要求。鉴于惩罚性赔偿制度的抑制功能和惩罚功能，其只适用于具有恶意或重大过失的环境侵害案件。另外，如果被害者人数众多，加害者不能受到更多的制裁性惩罚，而其他受害者也要求损害赔偿，因而应采取减少惩罚性赔偿数额的措施。① 也就是说，对于受害者众多的环境案件，对加害者的惩罚性赔偿，是一事一罚，而非一人一罚。二是数额的确定与分配。在美国，惩罚性赔偿数额的标准有两类，其一，由法院或陪审团在合理的范围内自由决定，主要适用于对隐私、人身侵害方面的赔偿；其二，法律明确规定了惩罚性赔偿的数额，一般是两倍赔偿或三倍赔偿，主要适用于保障特别公共政策实现的案件。② 对环境案件确定恰当的标准是重要的，从而防止加害者受到苛刻的赔偿惩罚而影响其发展能力，或者加害者受到过轻赔偿而没

---

① Poul D. Rheingold, The Mer 129 Story – An Instance of Successful Disaster Litigation, 56 *Calif. L. Rev.* 140(1968).

② Note, Exemplary Damages in the Law of Torts, 70 *Harv. L, Rev.* 518(1971).

有受到触动。因此法律在设定惩罚标准时,应当综合考虑环境保护政策、产业发展政策和普通民众的接受能力等诸因素。如果将决定权交给法院,则需明确法院要考虑当事人的财政能力、损害的程度和恢复的可能性、受害人或公众对环境福利的期望和维持补偿性赔偿和惩罚性赔偿的平衡等因素。同时,要明确的是,并不是所有的赔偿金额均归受害者所有。对于受害者而言,给予其一定的赔偿金额就达到了奖励的目的。如果让其获得所有的赔偿,则超出了制度设定的目的,不仅在于受害者因诉讼这一非生产行为获得大量利润,更在于没有考虑到对环境保护活动的支持和环境本身的补偿。所以,应当有一部分惩罚赔偿的金额纳入环境保护基金,用于作为其章程里规定的环境保护事业的财政支持。

(三)返还财产的适用

最高人民法院《关于审理环境民事公益诉讼案件适用法律若干问题的解释》确定了在环境民事公益诉讼中被告应承担停止侵害、排除妨碍、消除危险、恢复原状、赔偿损失、赔礼道歉等民事责任,但没有将返还财产作为民事公益诉讼的责任承担形式。但现实中,存在大量非法占有自然资源并破坏生态环境的情形,一方面,侵权人应承担环境破坏的损害赔偿等责任;另一方面,其非法开采的资源应当归国家所有,应予以返还。如占用国家所有的土地开展生产造成环境污染,同样也面临返还所占用的土地的责任。因此,返还财产在环境案件中特别是民事公益诉讼中同样适用,应在法律规定中加以明确。

五、诉讼支援机制的发展

(一)诉讼费用的援助

环境诉讼除了要建立与环境案件特点相一致的诉讼费用规则外,[①]还要明确诉讼费用援助规则。如果说当事人因为诉讼费用问题而被拒之

① 参见第四章第一节“关于诉讼成本问题”。

于法院大门之外或成为诉讼对抗的牺牲品，那么这样的制度设置是违反正当程序的。实现对弱者救济原则首当其冲的是诉讼费救助制度，它是指诉讼当事人因经济困难无法承担诉讼费时，经申请由法院决定予以减免的制度。诉讼费救助体现的是实现“穷人的权利”的根本形式，保证的是当事人不因经济困难而失去主张权利的机会。因此，诉讼费救助自然也应纳入环境诉讼之中，如美国《密歇根州环境保护法》第 2 条规定“任何人均享有提起环境诉讼的权利，并要求减轻经济困难的原告的诉讼费用”。但是，环境诉讼的特性决定了诉讼费救助制度的适用有其自己的条件。首先，适用对象应不仅限于经济困难的人。由于环境诉讼双方力量对比悬殊，且涉及当事人众多，受害者一方往往即使有一定的经济力量，也无法和对方抗衡。基于程序公正的思想，应当对受害者一方进行程序上的倾斜。在诉讼费用的安排上，应当将环境案件都纳入救助的视野。其中，除了经济困难的案件，受害者人数众多、进行诉讼活动困难的案件的原告都属于救助对象。而对于纯公益案件，基于维护社会利益应当受到支持的法理，整体都属于诉讼费救助范围。其次，救助内容应不仅仅限于受理费的减免，还包括专家鉴定费等技术性费用的补助。环境案件牵涉技术性因素很多，因而需要生态鉴定和技术取证的事项很多，这构成了当事人诉讼成本的重要部分，可以说，鉴定费用的高昂已经成为影响环境纠纷进入诉讼通道的重要原因。在江苏省环境科学学会开展的鉴定中就有 24% 的当事人因未交费而取消鉴定。[①] 所以，也应将这些技术性费用的补助纳入诉讼费救助的内容。如在美国，1986 年通过的“超级基金修正与授权法”明文规定最高可提供公民团体 5 万美元的技术支援补助费，用以支付其参与评估污染场所潜在危害的花费。[②] 云南省建立的环境公益诉讼救助基金也主要是用于对当事人鉴定费用的补助。

---

① 周杰:《环境司法鉴定案例分析与思考》，载《环境监测管理与技术》2010 年第 3 期。

② See SARA §117(e).

(二)公益律师的兴起与保障

就环境诉讼而言,现有的律师援助制度仍然是不够的,这源于环境诉讼的公益性。在传统体制下,与私人相关的“个人利益”受到了最大限度的保护,“国家利益”是依据法律受到保护,但是“公共利益”往往被人们忽视。为了纠正这一不平衡现象,很有必要站在公共立场,大力倡导公共利益。律师的使命是维护人权和实现社会正义。因此,他们应该成为倡导公共利益的生力军。[①] 因此,环境诉讼中的法律援助,应当强调公益律师的作用。公益律师发起或参与环境诉讼,通过其专业性的操作和对环境公益的热情,不但可以实现私权利的救济,而且推动民众对环境利益的关注和行动;通过与政府、企业的对话,推动环境综合决策机制的形成;通过与法院在适用法律和法理上的探讨,推动环境保护规则的形成。所以,西方学者认为,“公益律师的作用在于为对抗集团利益提供法律对策,并注入新的活力。所包含的意义不仅仅是保障公正程序,也在于要求选择恰当的社会政策”。[②] 在国外,公益诉讼一般都是由律师等专业性人士或团体发起。这是因为此类诉讼在律师对公益的关注的同时,也能够给发起人带来巨大的社会知名效应,一般的被诉对象都是经济领域中的超级企业或跨国集团,实力强大,非专业性人士不能应付。在美国,律师协会设有关于公益辩护的特别委员会,律师6.2%左右的时间都投入了公益活动。[③] 不仅仅如此,美国还有为公众解决公益问题的公益法律事务所。在日本,为将全国的公害裁判律师的力量组织起来,律师集团组成了“全国公害律师团联络会议”(公害律师联),取得了一个又一个诉讼的胜利。

---

① [日]小岛武司:《诉讼制度的改革与实证》,陈刚等译,法律出版社2001年版,第41页。

② Charles R. Halpern, Public Interest Law: It's Past and Future, 58 *Judicature* 118, 120 (1974).

③ [日]小岛武司:《诉讼制度的改革与实证》,陈刚等译,法律出版社2001年版,第18页。

至今,公害律师联有 60 多个律师团参加。[①]

在我国,公益诉讼和公益律师也开始涌现。2003 年 8 月 25 日,中国第一家公益律师事务所“东方公益法律援助律师事务所”成立,这个机构将致力于无偿为任何为公益而诉的人们提供法律援助。[②] 环境公益诉讼是公益律师所关注的重点领域。目前在全国都有很多有志于为环保公益事业作贡献的律师,他们大多表示承接此类公益诉讼时,愿意减免代理费。最近环境公益律师发展的趋势是成立公益律师组织,从而能够整合环境公益律师的力量,并形成律师参与环境管理的新形式。2011 年 4 月,我国首家以提供环境法律援助为主要任务的公益性律师事务所“北京环助律师事务所”(以下简称环助所)成立。环助所律师团队由专职公益律师和兼职志愿律师共同组成,目前有专职律师 9 名、兼职律师 6 名。环助所将提供环境法律援助、提起环境公益诉讼、开展以环境案例为基础的环境法研究和环境法治领域的国际交流与合作,并培养高素质的专业环境律师。[③] 2013 年 4 月 14 日,环境公益律师团在武汉成立。律师团的成员均为熟悉环境诉讼的律师,并且因为来自不同地区,可以互相帮助,借此在一定程度上避免地方势力的干预。环境公益律师团的定位,即以个案介入、案件探讨、公众倡导等方式,为环境污染受害者、环境维权者和环保组织、环保人士提供法律服务。[④]

环境公益律师在我国的出现是一个新生事物,要保证他的生命力还是需要进行制度保障,包括:其一,需要突破律师受雇于委托人的传统观念,将公益律师定位于社会正义的维护者。其二,需要国家对公益律师的

---

① [日]村松昭夫:《日本公害审判制度的改进与律师的作用》,载王灿发主编:《环境纠纷处理的理论与实践》,中国政法大学出版社 2002 年版,第 207 页。

② 赵凌:《中国首现公益律师所》,载 http://www. southcn. com/weekend/commend/200308280005. html,最后访问日期:2013 年 4 月 28 日。

③ 佚名:《全国首家环境公益律师事务所成立》,载 http://gongyi. sina. com. cn/greenlife/2011 - 04 - 01/114125348. html,最后访问日期:2013 年 5 月 6 日。

④ 王会贤:《环境公益律师团在湖北成立》,载《公益时报》2013 年 4 月 16 日。

资助或补偿制度。其三,需要明确公益律师在环境诉讼中的地位和作用。参加审判作为律师业务之一不仅是一种私人性质的事情,更是兼有私人活动和公共活动的一个程序。其四,需要明确公益律师组织的法律地位和资金来源。其五,需要专业环境律师的培养机制,培养具有高水平专业技能的环境律师。在这方面,高校和环保团体已经有所行动,2011 年中南财经政法大学环境资源法研究所和美国自然资源委员会(NRDC)联合设立环境见习律师项目,旨在将环境律师专业化,推动环境公益诉讼。

第四节 专业审理的炼成

一、环境法官的作用和遴选

环境法是当今司法界最富挑战、最需要制度完善的司法领域,法官在环境治理中有着巨大的特殊作用,不但表现为审判案件的司法功能、规范指引的作用,而且法官还是环境法的教育者和推动者。法官作为法治的维护者,在维护环境法的强制法律效力方面有独特的地位。他们可以促进环境保护进程的完整性与明确性,并确保在政府和私人领域实现政府的环境责任和企业的环境义务。同时,法官也通过解释和填补法律文本的空白来推动环境法的发展。如果法官具备足够的环境保护知识,他们就能够完成这项任务。[①] 我们将这种法官称为环境法官。环境司法目的的实现归根结底依赖于环境法官的司法运作。

但环境法是近三十年才发展起来的一个相对比较新的法律部门,环境诉讼案件是一种新型诉讼案件,具有高度的复合型和专业技术性,裁判者的能力与素质决定着环境司法救济的进程,也对环境纠纷处理的结果

① [美]克里斯托弗·G. 威拉曼特里:《法官与环境法》,杜群、冯青译,载《首届环境司法论坛论文集》,2011 年,第 126、128 页。

有决定性作用。[①] 与其他法部门相比，接触环境法并接受环境法理念的法官相对比较少。因此，实行环境审判的专门化，当务之急就是需要一批具有专业知识的环境法官。

环境法官应当满足这些条件：一是具备先进的司法理念。环境法官的环境观是可持续发展观，认识到在社会发展中环境因素与经济因素、其他因素有着同等重要的地位，甚至在关系人类整体福祉时具有优先地位，环境公共利益、生态价值是环境审判考察的重心和应有之义。正是考虑到环境问题的复杂性和环境权、环境法的形成性，环境法官能够秉承司法能动主义，积极进行司法创新。这种创新是在环境法目的下进行，要受到环境司法伦理的约束，而不是法官随心所欲的恣意裁判，这就要求环境法官是具备开放视野、良好品质能够接受新生事物的法官。二是具备综合审判能力。环境案件牵涉多重法律关系，环境法官要具备民事、刑事、行政审判综合素质，能够运用一种程序或几种程序对环境案件所牵涉的当事人环境权利的主张、环境行政行为的判断、环境刑事责任的追究进行综合考察。这就要求环境法官应当是经过民事、刑事、行政审判实践的法官。三是具备一定的环境法知识。环境法作为一个新兴法部门，具有交叉性、边缘性、科学技术性等特点，其内容对于法官来说具有挑战性。这就要求环境法官需要通过环境法专业教育和培训来保证其专业性。对于我国目前的现实而言，需要在法院的日常管理过程中重视对法官的环境专业知识培训，不断地提高在职法官的理论水平和审判能力，形成专业水平较高、审判能力较强的环境审判队伍。同时，在我国的法律教育教学中，需要不断重视环境法专业高素质人才的培养与锻炼，能够保证持续长久的环境法官的总体数量，提升整体的环境审判能力。

---

① 吕忠梅等：《中国环境司法发展报告》（2015～2017），人民法院出版社2017年版，第22页。

二、专业人员的支持

环境案件往往牵涉对科学问题的审议、技术问题的判断，这是超出法官的知识范畴的，如果由法官强行解决之，很可能“陷入科学争论和裁判难决的泥沼中，无异于剥夺了受害人的请求权而无法得到救济”。① 因此，要实现环境审判的专业化，还需要吸纳与环境相关的科学技术专家参加案件审理。

在国外的专门环境审判机构中，这已经成为一个普遍做法。如在澳大利亚新南威尔士州土地与环境法院，法院组成包括 9 名专业委员，其资质要求是环境保护相关领域的专家，他们可以审理部分案件，并有权对行政决定的合理性进行实质审查；瑞典环境法庭的组成包括了一名环境顾问或两名专家成员，他们有权参加案件审理并给出意见；新西兰环境法院的组成包括了具有专业身份的环境专员和副环境专员，他们直接和环境法官组成合议庭，参与案件审理。在我国一些地方进行的环境审判机构专门化的实践中，也采用了相似做法。如昆明市中级人民法院采取的是法院附设专家委员会的方式，并建立“专家咨询委员会”和“环境技术咨询制度”，解决法官审判中对证据、鉴定结论等难以认真的专业难题。贵阳市中级人民法院规定，在审理环境公益诉讼案件时，根据案件的需要，贵阳市两级人民法院应适时召开环保审判专家咨询委员会或聘请相关专家就污染问题、因果关系、损害结果等进行论证，充分听取专家意见，依法作出判决。2015 年，最高人民法院成立了环境资源司法研究中心及学术委员会，建立专家智库。②

因此，进行相关制度建设以保证专业人员参与环境审理是环境审判

① 金瑞林：《环境侵权与民事救济——兼论环境立法中存在的问题》，载王曦：《国际环境法与比较环境法律评论》（第 1 卷），法律出版社 2002 年版，第 376 页。

② 李娜：《最高人民法院成立环境资源司法研究中心》，载《法制日报》2015 年 5 月 20 日，第 1 版。

制度改革的一部分。为此，我们需注意：第一，专业人员的领域广泛，但都需要具有国家相关部门认可的专业资格。与环境相关的科学技术专家包括但不限于环境科学、自然资源管理、环境评估、城市规划、土地规划、环境监测等领域具有专业知识、经验或适当资格的人员。第二，法官和专家之间应当有一定的分工、协作。专家主要解决技术问题，为法官裁判案件提供依据，但在特定条件下也可以参加具体案件的讨论；法官主要负责审理法律问题，运用法律作出裁判。亦即，通过环境法律与环境科学的结合来弥补法官对专业知识的不足，为案件的高效处理鉴定基础。第三，专业人员参与环境审理的形式应当明确。目前，我国吸纳专业人员参加环境审理的形式主要有两种：一是人民陪审员的形式。这种形式与法有据，但作用范围有限，只限于基层人民法院，且不能有效地发挥法官和专家各自的长处，因为人民陪审员的地位相当于法官，不仅要考虑事实问题，也要考虑法律问题。二是云南等地的“专家咨询委员会”形式。这种形式有利于发挥专家长处，但对于其适用的领域、意见的效力、参与的时机等问题还缺乏统一的规范，未能构成环境审判的有机组成部分。为此，我们可以借鉴国外做法，建立“环境专员”制度。在此制度下，由最高人民法院和环保部合作，设立环境司法的专家库；专门环境审判机构根据具体案件的需要，从专家库选取相关领域的专家组成环境专员，环境专员应当是奇数；环境专员参与案件审理，并可以就事实问题对双方当事人及专家证人进行询问，对科学技术性问题进行判断；法官根据环境专员的判断，对相关案件事实进行认定。在这个诉讼过程中，仍然由法官主导案件的审理。但对于法律争议不大的案件，环境专员可以主持对案件的调解工作。

参考文献

一、著作类

[1]胡宝林、湛中乐:《环境行政法》,中国人事出版社1993年版。

[2]杨朝飞:《环境保护与环境文化》,中国政法大学出版社1994年版。

[3]汪劲、田秦:《绿色正义——环境的法律保护》,广州出版社2000年版。

[4]吕忠梅:《环境法新视野》,中国政法大学出版社2000年版。

[5]肖剑鸣:《比较环境法》,中国检察出版社2001年版。

[6]王长生:《仲裁与调解相结合的理论与实务》,法律出版社2001年版。

[7]王灿发:《环境纠纷处理的理论与实践》,中国政法大学出版社2002年版。

[8]王曦:《国际环境法与比较环境法评论》(第1、2卷),法律出版社2002年版、2005年版。

[9]季卫东:《宪法新论》,北京大学出版社2002年版。

[10]齐树洁、林建文:《环境纠纷解决机制研究》,厦门大学出版社2005年版。

[11]翁国民:《"法庭之友"制度与司法改革》,法律出版社2006年版。

[12]汪劲:《环境正义:丧钟为谁而鸣》,北京大学出版社 2006 年版。

[13]廖永安:《诉讼费用研究——以当事人诉权保护为分析视角》,中国政法大学出版社 2006 年版。

[14]别涛:《环境公益诉讼》,法律出版社 2007 年版。

[15]张梓太:《环境纠纷处理前沿问题研究》,清华大学出版社 2007 年版。

[16]贺海仁:《公益诉讼的新发展》,中国社会科学出版社 2008 年版。

[17]颜运秋:《公益诉讼法律制度研究》,法律出版社 2008 年版。

[18]邓一峰:《环境诉讼制度研究》,中国法制出版社 2008 年版。

[19]徐祥民:《环境公益诉讼研究:以制度建设为中心》,中国法制出版社 2009 年版。

[20]陈阳:《检察机关环境公益诉讼原告资格及其限制》,山东人民出版社 2009 年版。

[21]吴勇:《专门环境诉讼:环境纠纷解决的新机制》,法律出版社 2009 年版。

[22]吕忠梅:《环境公益诉讼:中美之比较》,法律出版社 2009 年版。

[23]吕忠梅:《流域综合控制:水污染防治的法律机制重构》,法律出版社 2009 年版。

[24]吕忠梅:《环境与发展综合决策:可持续发展的法律调控机制》,法律出版社 2009 年版。

[25]陈亮:《美国环境公益诉讼原告适格规则研究》,中国检察出版社 2010 年版。

[26]常纪文:《环境法前沿问题——历史梳理与发展探究》,中国政法大学出版社 2011 年版。

[27]刘年夫、李挚萍:《正义与平衡——环境公益诉讼的深度探索》,中山大学出版社 2011 年版。

[28]徐祥民:《中国环境法学评论》(2013 年卷),科学出版社 2013 年版。

[29]张宝:《环境侵权的解释论》,中国政法大学出版社 2015 年版。

[30]李楯:《环境公益诉讼观察报告》,法律出版社 2016 年版。

[31]余俊、宿健慧:《环境司法判解研究》,中国政法大学出版社 2016 年版。

[32]韩德强:《环境司法审判区域性理论与实践探索》,中国环境出版社 2015 年版。

[33]冯春萍:《环境法理论与海南省环境司法案例研究》,人民出版社 2016 年版。

[34]张忠民:《一元到多元:诉讼的实证研究》,法律出版社 2016 年版。

[35]吕忠梅:《环境司法专门化:现状调查与制度重构》,法律出版社 2017 年版。

[36]吕忠梅等:《中国环境司法发展报告》(2015~2017),人民法院出版社 2017 年版。

[37][美]J. G. 阿巴克尔等:《美国环境法手册》,文伯屏等译,中国环境科学出版社 1988 年版。

[38][美]弗里德曼:《法律制度》,李琼英、林欣译,中国政法大学出版社 1994 年版。

[39][日]谷口安平:《程序的正义与诉讼》,王亚新、刘荣军译,中国政法大学出版社 1996 年版。

[40]世界环境与发展委员会编:《我们共同的未来》,王之佳等译,吉林人民出版社 1997 年版。

[41][斯里兰卡]C. G. 威拉曼特里编:《人权与科学技术发展》,张新宝等译,知识出版社 1997 年版。

[42][美]罗杰·W. 芬德利等:《环境法概要》,杨广俊等译,中国社

会科学出版社 1997 年版。

[43][英]阿蒂亚:《法律与现代社会》,范悦等译,辽宁教育出版社、牛津大学出版社 1998 年版。

[44][意]莫诺·卡佩莱蒂:《福利国家与接近正义》,刘俊祥等译,法律出版社 2000 年版。

[45][法]亚历山大·基斯:《国际环境法》,张若思译,法律出版社 2000 年版。

[46][美]魏伊丝公:《平地对待未来人类:国际法、共同遗产与世代间衡平》,汪劲等译,法律出版社 2000 年版。

[47][日]大须贺明:《存权论》,林浩译,法律出版社 2001 年版。

[48][日]小岛武司:《诉讼制度改革的法理与实证》,陈刚等译,法律出版社 2001 年版。

[49][德]卡尔·拉伦茨:《法学方法论》,陈爱娥译,商务印书馆 2003 年版。

[50][美]P. 诺内特、P. 塞尔兹尼:《转变中的法律与社会:迈向回应型法》,张志铭译,中国政法大学出版社 2004 年版。

[51][美]克里斯托弗·沃尔夫:《司法能动主义——自由的保障还是安全的威胁》,黄金荣译,中国政法大学出版社 2004 年版。

[52][美]斯蒂芬·B. 戈尔德堡:《纠纷解决》,中国政法大学出版社 2004 年版。

[53] Henry Campbell Black, *M. A. Black's Law Dictionary*, West Publishing Co. ,1979.

[54] Harry Woolf, Are the Judiciary Environmentally Myopic? 5th Garner Environmental Law Lecture delivered at Church House, Westminster on 23 October 1991.

[55] Leelakrishnan, P. , *Law and Environment*, Eastern Book Company, India, 1992.

[56] Christopher Miller, *Environmental Rights*, Routledge, London, 1998.

[57] Malcolm Grant, *Environmental Court Project – Final Report*, Department of the Environment, Transport and the Regions, London, 2000.

[58] David Hughes, *Environmental Law*, 4th Edition, Reed Elsevier Ltd., 2002.

二、论文类

[1]苏力:《法律活动专门化的法律社会学思考》,载《中国社会科学》1994年第6期。

[2]金瑞林:《环境侵权与民事救济——兼论环境立法中存在的问题》,载王曦主编:《国际环境法与比较环境法律评论》(第1卷),法律出版社2002年版。

[3]王明远:《美国妨害法在环境侵权救济中的运用和发展》,载《政法论坛》2003年第5期。

[4]吕忠梅:《环境诉讼初探》,载吕忠梅主编:《环境资源法论丛》(第3卷),法律出版社2003年版。

[5]崔四星:《民事举证责任倒置问题研究》,载何家弘主编:《证据学论坛》(第6卷),中国检察出版社2003年版。

[6]吕忠梅:《论环境纠纷的司法救济》,载《华中科技大学学报》(社会科学版)2004年第4期。

[7]刘国有:《浅论专门法院出现的原因及对法律现代化的意义》,载《天津市政法干部管理学院学报》2004年第2期。

[8]方乐:《可持续发展与法律价值的完善——中国法制可持续现代化的路径探究》,载《法学论坛》2005年第1期。

[9]丁晓华:《澳大利亚的土地和环境法院》,载《法治论丛》2005年第2期。

[10]王小钢:《环境法侵害排除和排除危害制度》,载《当代法学》2005 年第 3 期。

[11]王海南、孙鹤:《如何在我国农村有效界定、保护和实施产权——关于建立乡镇“巡回法庭”的初步设想》,载《辽宁师范大学学报》(社会科学版)2005 年第 6 期。

[12]别涛:《环境公益诉讼的立法构想》,载《环境保护》2005 年第 12 期。

[13]董燕:《从澳大利亚土地环境法院制度看我国环境司法机制的创新》,载《华东政法学院学报》2007 年第 1 期。

[14]孙振庆、赵贵龙、刘峥:《关于行政民事交叉案件的调研报告》,载《法律适用》2008 年第 2 期。

[15]沈跃东:《可持续发展裁决机制的一体化——以新西兰环境法院为考察对象》,载《西北农林科技大学学报》(社会科学版)2008 年第 3 期。

[16]周伯煌:《环境法庭的设立问题探讨》,载《企业家天地 · 理论版》2008 年第 3 期。

[17]吕忠梅:《环境公益诉讼辨析》,载《法商研究》2008 年第 6 期。

[18]张一粟:《环境审判庭是否“超生”?》,载《环境》2008 年第 7 期。

[19]孙飞:《论环境污染司法鉴定机构的设置》,载《中国司法鉴定》2008 年第 8 期。

[20]刘小飞、李振国:《加拿大法院案件管理的规则、实践与启示》,载《法律适用》2008 年第 11 期。

[21]罗丽:《中国环境纠纷司法救济途径研究》,载《法学杂志》2009 年第 1 期。

[22]万鄂湘:《环境保护亟待建立公益诉讼制度》,载《团结》2009 年第 3 期。

[23]徐寅杰:《我国环保审判庭的设立依据、现状及建议》,载《江苏

警官学院学报》2009 年第 4 期。

[24]张晏:《中国环境司法的现状与未来》,载《中国地质大学学报》(社会科学版)2009 年第 5 期。

[25]蔡守秋:《关于建立环境法院(庭)的构想》,载《东方法学》2009 年第 5 期。

[26]郭会玲:《环保 NGO 环境公益诉讼的困境与出路》,载《环境保护》2009 年第 19 期。

[27]李挚萍:《美国佛蒙特州环境法院的发展及对中国的启示》,载《中国政法大学学报》2010 年第 1 期。

[28]刘超:《反思环保法庭的制度逻辑——以贵阳市环保审判庭和清镇市环保法庭为考察对象》,载《法学评论》2010 年第 1 期。

[29]张璐:《我国环境司法的障碍及其克服》,载《中州学刊》2010 年第 3 期。

[30]常红:《设立环境法庭的几点思考》,载《法治论坛》2010 年第 3 期。

[31]周杰:《环境司法鉴定案例分析与思考》,载《环境监测管理与技术》2010 年第 3 期。

[32]陈泉生、林哲森:《论我国环境资源审判机构的设立》,载《东南学术》2010 年第 5 期。

[33]郑艺群:《环境审判制度初探》,载《东南学术》2010 年第 5 期。

[34]沈跃东:《论环境法庭的裁判程序》,载《东南学术》2010 年第 5 期。

[35]黄莎、李广兵:《环保法庭的合法性和正当性论证——兼与刘超博士商榷》,载《法学评论》2010 年第 5 期。

[36]范海玉、王琳:《环境纠纷司法解决机制的检视与思考》,载《河北大学学报》(哲学社会科学版)2010 年第 6 期。

[37]李蒙:《环境公益诉讼遭遇拦路虎》,载《民主与法制》2010 年第

13 期。

[38]张敏纯:《环境审判专门化的省思》,载《中南民族大学学报》(人文社会科学版)2011 年第 1 期。

[39]胡耘通、陈德敏:《环境审判专门化的分析与展望》,载《大连理工大学学报》(社会科学版)2011 年第 2 期。

[40]吕忠梅:《中国环境司法现状调查》,载《法学》2011 年第 4 期。

[41]王树义:《我国环境司法专门化之必要性及可行性分析》,2011 年首届环境司法论坛论文集。

[42]罗吉:《澳大利亚新南威尔士州土地与环境法院的发展与启示》,2011 年首届环境司法论坛论文集。

[43]陈真亮、赵苹苹:《瑞典环境法典制度的发展及其对中国的启示》,2011 年首届环境司法论坛论文集。

[44]王社坤:《我国环境公益诉讼司法实践与制度构建调查报告》,2011 年首届环境司法论坛论文集。

[45]刘明:《从环保法庭的实践谈环保审判专业化的必要性、可行性及发展趋势》,2011 年首届环境司法论坛论文集。

[46]玉溪市中级人民法院环境保护审判庭:《新形势下玉溪市环境资源保护行政执法与司法审判现状的调查报告》,2011 年首届环境司法论坛论文集。

[47]陈学敏:《设立环境法庭的冷思考》,2011 年首届环境司法论坛论文集。

[48]黄金菊:《设立环境法庭的法理与实证再探讨》,2011 年首届环境司法论坛论文集。

[49]蔡学恩:《环保法庭专门化研究》,2011 年首届环境司法论坛论文集。

[50]杨华军:《公益诉讼之困》,载《中国周刊》2012 年第 4 期。

[51]李挚萍:《外国环境司法专门化的经验及挑战》,载《法学杂志》

2012 年第 11 期。

[52]陈学敏:《流域管理对环境司法专门化的挑战与启示》载《昆明理工大学学报》(社会科学版)2012 年第 5 期。

[53]李辉:《司法能动主义与司法克制主义的比较研究》,载《法律方法》(第 8 卷),山东人民出版社 2009 年版 。

[54]王和雄:《公权与反射利益之区别在诉讼上之适用》(上),载《台大法学丛刊》,第 145 页。

[55][美]肯尼士 · F. 麦克卡林、H. 瑞加 · 莎玛:《环境司法无国界》,载《研究生法学》2001 年第 1 期。

[56][美]乔治 · 普林:《关于专业化环保法院和环保法庭的全球研究》,2009 年世界自然保护同盟环境法学院第七次全球学术年会(武汉)论文集。

[57][日]村松昭夫:《日本公害审判制度的改进与律师的作用》,载王灿发:《环境纠纷处理的理论与实践》,中国政法大学出版社 2002 年版。

[58][美]克里斯托弗 · G. 威拉曼特里:《法官与环境法》,杜群、冯青译,2011 年首届环境司法论坛论文集。

[59]沈岿:《检察机关在行政公益诉讼中的请求权和政治责任》,载《中国法律论》2017 年第 5 期。

[60]张忠民:《典型环境案例的案例指导功能之辩——以最高人民法院公布的 23 个典型环境案例为样本》,载《法学》2015 年第 10 期。

[61]肖建国:《利益交错中的环境公益诉讼原理》,载《中国人民大学学报》2016 年第 2 期。

[62]张宝:《环境侵权诉讼中受害人举证义务研究》,载《政治与法律》2015 年第 2 期。

[63]张忠民:《生态破坏的司法救济——基于 5792 份环境裁判文书样本的分析》,载《法学》2016 年第 10 期。

[64]巩固:《2015 年中国环境民事公益诉讼的实证分析》,载《法学》

2016 年第 9 期。

[65]张宝:《环境司法专门化的建构路径》,载《郑州大学学报》(社会科学版)2014 年第 6 期。

[66]杨朝霞:《环境司法主流化的两大法宝:环境司法专门化和环境资源权利化》,载《中国政法大学学报》2016 年第 1 期。

[67]王展飞:《环境民事公益诉讼和私益诉讼的关系刍议》,载《人民法治》2015 年第 5 期。

[68]李艳芳、吴凯杰:《检察机关在环境公益诉讼中的角色和定位——兼评最高人民检察院(检察机关提起公益诉讼试点改革方案)》,载《中国人民大学学报》2016 年第 2 期。

[69]秦天宝:《论我国环境行政公益诉讼制度的发展——以全国首例检察机关提起环境行政公益诉讼案为例》,载《环境保护》2015 年第 1 期。

[70]窦海阳:《环境侵权类型的重构》,载《中国法学》2017 年第 4 期。

[71]张忠民:《环境司法专门化发展的实证检视——以环境审判机构和环境审判机制为中心》,载《中国法学》2016 年第 6 期。

[72]曹海林、王园妮:《"闹大"与"柔化":民间环保组织的行动策略——以绿色潇湘为例》,载《河海大学学报》(哲学社会科学版)2018 年第 3 期。

[73]吕忠梅、张忠民:《环境司法专门化与环境案件类型化的现状》,载《中国应用法学》2017 年第 6 期。

[74]张式军:《环保法庭的困境与出路——以环保法庭的受案范围为视角》,载《法学论坛》2016 年第 2 期。

[75]栗楠:《环保组织发展困境和对策研究——以环境民事公益诉讼为视角》,载《河南大学学报》(社会科学版)2017 年第 2 期。

[76]Poul D. Rheingold, The Mer 129 Story – an Instance of Successful

Dinsaster Litigation, 56 *Calif. L. Rev.* 140(1968).

[77] Charles R. Halpern, Public Interest Law: It's Past and Future, 58 *Judicature* 118, 120(1974).

[78] Bret Birdsong, Adjudicating Sustainability: New Zealand's Environment Court and the Resource Management, *Ian Axford Fellowship in Public Policy*, 1998.

[79] State of Vermont Office of the Court Administrator, Report to the General Assembly on the Performance of the Environmentla Court. Lee Suskin, *Court Administrator*, January, 2007.

[80] B. J. Preston, The Land and Environment Court of New South Wales: Moving Towards a Multi - door Courthouse - Part II, *Australasian Dispute Resolution Journal* Vol. 19, 2008.

[81] Gorge Pring and Catherine Pring, Specialized Environmental Courts and Tribunals at the Confluence of Human Rights and the Environment, *Oregon Review of International Law*, Vol. 11, 2009.

三、报刊类

[1]汪志球:《案源难量刑难执行难　贵阳环保法庭期待打破瓶颈》,载《人民日报》2008 年 9 月 18 日。

[2]陈媛媛:《如何以司法手段保障环境权?》,载《中国环境报》2008 年 9 月 19 日。

[3]陈媛媛:《环保法庭缘何门庭冷落》,载《中国环境报》2008 年 9 月 25 日。

[4]曹家新:《环保法庭越多越好》,载《中国环境报》2008 年 11 月 17 日。

[5]张朝云:《昆明环保公益诉讼期待"破茧"》,载《云南法制日报》2009 年 5 月 17 日。

[6]刘益、查兴田:《贵阳中院成立环保审判专家咨询委员会》,载《贵阳日报》2009 年 6 月 30 日。

[7]李成思、张俊:《环保法庭,能否走得远?》,载《中国环境报》2009 年 7 月 28 日。

[8]高洁:《环境公益诉讼与环保法庭的生命力》,载《人民法院报》2010 年 1 月 29 日。

[9]蒋朝晖:《知易行难　谁来为环境公益诉讼埋单?》,载《中国环境报》2010 年 6 月 1 日。

[10]曹红蕾:《云南环保法庭变刑事庭》,载《云南信息报》2010 年 10 月 18 日。

[11]王淇:《十余年零诉讼,辽宁环保法庭何处走》,载《辽宁法制报》2010 年 10 月 21 日。

[12]佚名:《部分法院拒为涉环境诉讼立案　将矛盾推上街头》,载《新京报"社论"》2012 年 10 月 28 日。

[13]王会贤:《环境公益律师团在湖北成立》,载《公益时报》2013 年 4 月 16 日。

[14]Jonathan Shieber, Environmental Groups in China Now Have the Ability to Sue Polluters; But Will They? The Wall Street Journal, 2009 - 12 - 10.

[15]戴丽娟:《省法院发布全省资源审判白皮书》,载《江苏法制报》2018 年 6 月 5 日。

[16]胡俯茂、杨孝元:《为生态文明保驾护航——清镇市人民法院生态保护法庭成立 10 周年回眸》,载《贵州日报》2017 年 7 月 15 日。

[17]赵宇飞:《环保法庭守护绿树青山》,载《经济参考报》2017 年 6 月 19 日。

四、网络文献类

[1]梁茂杰:《中国法官赴美培训环保法和环保案件审判》,载 http://

www. chinavalue. net/Story/496027. aspx。

[2]佚名:《环境法高级论坛第一次研讨会在中南财经政法大学举行》,载 http://www. sinoss. net/2009/0716/15904. html。

[3]徐小怙:《南京环保巡回法庭一举多得》,载 http://www. cenews. com. cn/xwzx/fz/qt/200803/t20080311_222910. html。

[4]陈媛媛:《环保法庭　期待打破发展瓶颈》,载 http://www. cenews. com. cn/xwzx/fz/qt/200809/t20080924_590078. html。

[5]中华环保联合会:《中国环保民间组织现状调查报告》,载 http://cn. chinagate. cn/reports/2007 -06/18/content_8406921. html。

[6]赵凌:《中国首现公益律师所》,载 http://www. southcn. com/weekend/commend/200308280005. html。

[7]佚名:《全国首家环境公益律师事务所成立》,载 http://gongyi. sina. com. cn/greenlife/2011 -04 -01/114125348. html。

[8]杨宜中:《环境资源审判:绿水青山就是金山银山》,载 http://www. court. gov. cn/zixun - xiangqing - 84832. html。

[9]周强:《2017 年最高人民法院报告》,载 http://www. court. gov. cn/zixun - xiangqing - 82602. html。

[10]严明、陶正超:《江苏省高院通报全省环境资源审判工作》,载 http://csj. xinhuanet. com/2018 -06/05/c_137230534. html。

[11]茶莹:《云南已设立 18 个环境资源审判庭》,载 http://www. court. gov. cn/zixun - xiangqing - 100042. html。

[12]最高人民法院:《环资审判(白皮书)及环境司法发展报告发布》,载 http://www. court. gov. cn/zixun - xiangqing - 50682. html。

[13]刘斯:《检察监督视角下看环境民事公益诉讼案件执行程序的完善》,载 http://www. hbjc. gov. cn/jcyj/201805/t20180502_1281558. shtml。

[14]最高人民法院:《环资审判(白皮书)及环境司法发展报告发

布》,载 http://www.court.gov.cn/zixun-xiangqing-50682.html。

[15]胡俯茂、杨孝元:《清镇市人民法院生态保护法庭:为生态文明建设“保驾护航”》,载 http://news.gog.cn/system/2017/07/05/015860522.shtml。

[16]佚名:《云南发布环境资源司法保护白皮书》,载 http://hbj.km.gov.cn/c/2016-06-22/2133263.shtml。

[17]徐州中院:《2017 年度徐州法院环境资源审判工作白皮书》,载 http://xzzy.chinacourt.org/article/detail/2018/01/id/3148455.shtml。

[18] Environment Court, http://www.Rmagudie.Org.nz/rma/statbodies/envcout.cfm. 2010-6-25.

[19]Report of the Registrar of the Environment Court(2010), http://www.Justice.Govt.nz/courts/environment-court/documents/EC_Registrar_Report_2010.pdf.

[20] Environment Court in Every District, http://www.bdnews24.com/details.php? id=175258&cid=2.

[21] Guru, Bangladesh Set to Establish 64 Environment, http://gurumia.com/2010/09/21/strong-laws-for-safe-climate-bangladesh-set-to-establish-64-environment-courts/.

后　　记

本书是在我的博士后出站报告的基础上完成的。沿袭着我在博士阶段对环境诉讼的思考,博士后工作的重心着眼于环境审判机制的创新研究。这个选题是在与我的合作导师廖永安教授深入交流的情况下确定的,希望对此进行研究能够对环境司法专门化的理念进一步拓展,也能对当下环境司法的地方化实践进行一个回应。这个选题后来也得到了中国博士后科学基金会的支持。在研究过程中,除了廖老师给予了很多学术建议和要求外,湘潭大学的何文燕教授、胡肖华教授、李交发教授、李蓉教授、王国征教授、张全民教授及中南大学的胡平仁教授、湖南师范大学的李爱年教授等老师在开题和答辩过程中提出了很多指导性意见,才使我的博士后出站报告较为系统并有所创新。

在博士后出站后,环境司法的情势发展很快:一是最高人民法院成立了环境审判庭,并颁布了司法政策鼓励各地成立专门化的审判组织,从而使环境司法专门化具备了组织基础;二是《民事诉讼法》《环境保护法》《行政诉讼法》相继进行了修改,承认了环境公益诉讼,从而为环境审判机制的创新提出了动力上的要求;三是根据环境案件的特殊性,最高人民法院出台了一系列有关环境刑事案件、环境公益诉讼案件、环境侵权案件法律适用的司法解释,从而为环境审判机制的创新提供了运行规则上的准备。这种情势,一方面体现了环境审判机制创新研究的价值,另一方面也意味着原来的研究有进一步调整的必要。因此,根据最新的理论发展和实践要求,我在博士后出站报告的基础上做了内容上的充实和修改,最终形成本书。在此过程中,我的博士生扶婷同学做了文献收集和注释整理工作。

无论是在博士后研究期间,还是在后来的工作过程中,我的妻子王霞教授不仅承担了琐碎的家务,还对我的研究工作提出很多恰当的建议。还有我的女儿,她的笑容、聪慧、可爱给全家带来欢乐和希望。感谢生命中有她们!

吴 勇

2018 年 8 月

图书在版编目(CIP)数据

环境审判机制创新研究：以环境审判机构专门化为视角／吴勇著. --北京：法律出版社，2019
(湘潭大学法学文丛)
ISBN 978-7-5197-3149-6

Ⅰ.①环… Ⅱ.①吴… Ⅲ.①环境保护法-审判-研究-中国 Ⅳ.①D922.684

中国版本图书馆CIP数据核字(2019)第029868号

环境审判机制创新研究
——以环境审判机构专门化为视角
HUANJING SHENPAN JIZHI CHUANGXIN YANJIU
—YI HUANJING SHENPAN JIGOU ZHUANMENHUA WEI SHIJIAO

吴　勇　著

策划编辑　周丽君
责任编辑　周丽君
装帧设计　汪奇峰

出版 法律出版社
总发行 中国法律图书有限公司
经销 新华书店
印刷 北京虎彩文化传播有限公司
责任校对 郭艳萍
责任印制 张建伟

编辑统筹 独立项目策划部
开本 720毫米×960毫米　1/16
印张 14
字数 180千
版本 2019年3月第1版
印次 2019年3月第1次印刷

法律出版社/北京市丰台区莲花池西里7号(100073)
网址/www.lawpress.com.cn
投稿邮箱/info@lawpress.com.cn
举报维权邮箱/jbwq@lawpress.com.cn
销售热线/010-83938336
咨询电话/010-63939796

中国法律图书有限公司/北京市丰台区莲花池西里7号(100073)
全国各地中法图分、子公司销售电话：
统一销售客服/400-660-6393
第一法律书店/010-83938334/8335　西安分公司/029-85330678　重庆分公司/023-67453036
上海分公司/021-62071639/1636　深圳分公司/0755-83072995

书号:ISBN 978-7-5197-3149-6　**定价**:59.00元
(如有缺页或倒装,中国法律图书有限公司负责退换)